NOVOS DESAFIOS DA GESTÃO DE PESSOAS

RUPTURAS ENTRE A TEORIA E A PRÁTICA

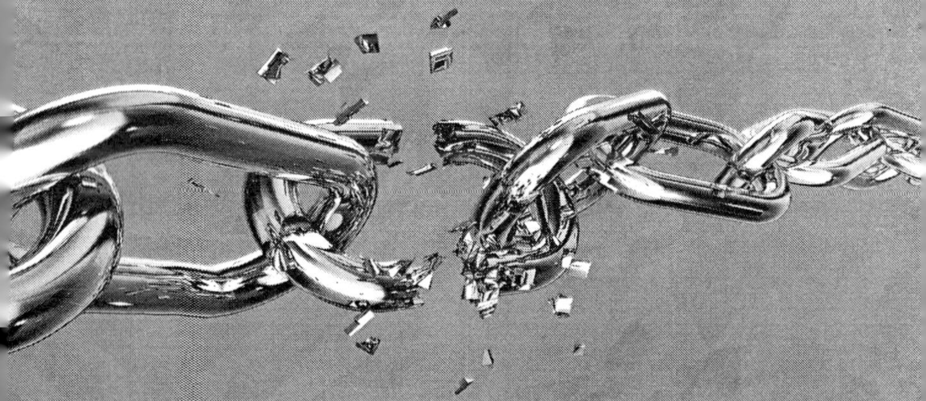

ORMIGAS
MA FÁBULA SOBRE MUDANÇA SOCIAL
SCRITA PELO CONSULTOR
E HISTÓRIAS, **JAMES MCSILL.**

NOVOS DESAFIOS DA GESTÃO DE PESSOAS

RUPTURAS ENTRE A TEORIA E A PRÁTICA

JEFFERSON LEONARDO
MARCIO MORENO

QUALITYMARK

Direção Editorial	Produção Editorial
SAIDUL RAHMAN MAHOMED editor@qualitymark.com.br	EQUIPE QUALITYMARK

Capa	Editoração Eletrônica
ANDRÉ ROMERO PALOMBO	PS DESIGNER

CIP-Brasil. Catalogação-na-fonte
Sindicato Nacional dos Editores de Livros, RJ

L596n

Leonardo, Jefferson
Novos desafios da gestão de pessoas : rupturas entre a teoria e a prática / Jefferson Leonardo, Marcio Moreno. – 1. ed. – Rio de Janeiro : Qualitymark Editora, 2017.
112 p. : il. ; 21 cm.

Inclui bibliografia
ISBN 978-85-414-0330-6

1. Administração. I. Moreno, Marcio. II. Título.

17-45680 CDD: 658
CDU: 658

2017
IMPRESSO NO BRASIL

Qualitymark Editora Ltda.	www.qualitymark.com.br
Rua José Augusto Rodrigues, 64 – sl. 101	E-mail: quality@qualitymark.com.br
Polo Cine e Vídeo – Jacarepaguá	Tels.: (21) 3597-9055 / 3597-9056
CEP: 22275-047 – Rio de Janeiro – RJ	Vendas: (21) 3296-7649

Formigas

Uma fábula sobre mudança social, escrita pelo Consultor de Histórias **James McSill**.

Agradecimentos

Jefferson Leonardo – Agradeço aos meus pais, Maria e Palmiro, que educaram e edificaram meu caráter; aos meus professores, que instruíram minha formação; aos líderes que moldaram minha carreira; aos clientes que estruturaram minhas expertises; ao amigo-irmão Marcio Moreno, pelos conselhos e oportunidade de escrevermos juntos, e à família Paula e Yuri, pelo apoio e incentivo em todos os momentos.

Marcio Moreno – Agradeço à minha esposa, Regina; aos meus filhos, Marcio Júnior e Irena, e ao meu neto Giovanni, e – por que não? – também aos meus familiares e amigos, pela paciência que tiveram comigo durante todo o tempo de criação desta obra, o que, muitas vezes, deixou-me extenuado pelo excesso de trabalho. Em momentos como este, meus familiares e amigos sempre me encorajaram e estimularam a seguir com meu projeto, não permitindo que eu esmorecesse.

James McSill – Houve época em que, para mudarmos uma sociedade, teríamos de empunhar armas. Esse tempo de barbárie, felizmente, no mundo civilizado, passou. Hoje, para mudar sociedades, empunhamos histórias. Vende quem conta a melhor história! Dedico a historinha das formigas, portanto, a todos que sonham com um mundo mais justo, mais igual para todos, onde o poder tenha como alicerce o ser e não mais o ter.

Sumário

Prefácio

Ousadia, coragem, transformação, compromisso e vontade de rever o que nós de RH estamos há anos replicando é a tônica deste livro que tenho o privilégio de escrever o prefácio.

Nesta obra, Marcio Moreno e Jefferson Leonardo provocam nos leitores uma atitude de desinstalar-se e olhar a história e a cronologia do que fizemos e, mais do que isso, agir! Não é mais possível perpetuarmos a mesmice que impera em nossas atitudes e ações dentro das organizações.

Certa vez ouvi de um especialista em consumo que, se queremos entender quem são os clientes e consumidores, precisamos recorrer à História do Brasil narrada em nossa literatura. No nosso caso, enquanto Recursos Humanos, para o real entendimento dos profissionais que estão em nossas organizações é preciso compreender o brasileiro que tem apresentado mundialmente características distintas.

Carregamos um sentimento exagerado de proteção mas que, segundo os autores, é um paternalismo que não é libertário e sim uma forma de domínio sobre os trabalhadores e, em algumas situações, tem colocado o RH em situações conflitantes.

Outra excelente oportunidade que o livro nos concede é o chamar a atenção para as ferramentas e instrumentos que não mais se aplicam a este novo desenho de organização e de pessoas que possuem o acesso direto às transformações e aos conhecimentos, exigindo um olhar diferenciado e mais flexível.

Há de se rever a relação capital-trabalho quando os autores nos levam a refletir sobre um modelo que se extinguiu e, ao invés de abraçarmos todas as demandas externas às nossas atribuições, como fizemos anos a fio, devemos protagonizar aquilo que efetivamente irá contribuir para a organização e o bem-estar das pessoas que nelas trabalham.

Encerrando este meu prefácio, não posso deixar de abordar a questão do “RH do Amanhã “, citada pelos autores. Ressaltam que o mundo já mudou e é inadequado dizermos que ainda estamos em processo de mudança. E, a partir daí, utilizam um simbolismo para o RH que precisa acordar e mudar, dizendo “ou muda ou dança”.

Concordo integralmente com uma nova era do RH, não mais como estratégico e gerador de resultados para a empresa; isto para mim é século passado e óbvio. Vejo, sim, um RH flexível e customizado com as demandas que se apresentam no dia a dia do mundo do trabalho, e não serão modelos e instrumentos programados que efetivamente nos farão protagonistas de um mundo corporativo em ebulição.

Boa Leitura!

Leyla Nascimento *é Secretária Geral da World Federation of People Management, Presidente do Conselho Deliberativo da ABRH Brasil, Vice-presidente da Confederação dos Profissionais de Recursos Humanos dos Países de Língua Portuguesa, Ex-presidente da Federación Interamericana de Asociaciones de Gestión Humana e CEO do Instituto Capacitare.*

Introdução

Auditório repleto, mais mulheres do que homens, quase todos bem-vestidos, cabelos arrumados, tendo no colo uma mochila com vários zíperes e o logo do evento; congressistas digitando suas anotações, alguns no tablet; outros, no celular, e os mais conservadores, como eu e meu amigo-irmão, no bloco de papel, com a caneta em punho, ouvindo atentamente um renomado consultor especialista em gestão de pessoas, em busca de conhecimentos e, principalmente, da receita para a área de recursos humanos, a fim de que esta agregue valor e seja valorizada pelas organizações. Marcio se mexe incessantemente na cadeira e balança a cabeça continuamente a cada frase proferida no palco bem iluminado, com uma tela de led gigantesca, o que nunca havia visto em minha vida.

– Vamos sair daqui... – falou meu amigo em tom ardente para quem desejasse ouvir, puxando-me cuidadosamente pelo braço.

– Não consigo mais ouvir esse discurso de que o RH tem que ser isso, tem que fazer aquilo, mas sem nada acontecer!

Sem olhar para os lados, de certa forma até um pouco envergonhado, fui em sua companhia para a feira de fornecedores, em busca de inovações e também de água, para matar a sede, e respirar um pouco de ar puro, já que o ar-condicionado do salão máster não estava dando conta do intenso calor daquele dia. A irritação e a indignação continuavam no ar; tomei a decisão de ficar em silêncio e esperar que o tempo, mesmo que curto, fizesse o seu trabalho. Pensava em voz baixa no que o estaria incomodando. Que assunto da palestra o deixara tão indignado? O que estaria acontecendo?

– Marcio, a próxima palestra magna é imperdível! O CEO de uma multinacional irá discorrer sobre como a empresa em que trabalha conseguiu ser a número 1 entre as melhores para se trabalhar. Vamos nos apressar para ficarmos nas cadeiras mais confortáveis das primeiras fileiras. Com o olhar miúdo, uma das sobrancelhas levantada e forte respiração, quase que bufando, cedeu ao meu pedido.

Uma das inovações do congresso foi a estruturação do palco em formato de arena, com o palestrante no centro do auditório, cercado de congressistas por todos os lados. O conferencista convidado andava descoordenadamente de um lado para outro, com a preocupação de atender a todos que estavam sentados ao redor da arena, sem saber para onde olhar, para qual público se dirigir e, por vezes, até se perdendo na sequência da sua fala. A plateia, desconfortavelmente, tentava acompanhá-lo, alguns virando a cabeça para os lados a todo momento, enquanto outros, desistentes, apenas olhavam para os telões laterais.

Já um pouco disperso, olhei rapidamente uma mensagem recebida pelo WhatsApp, e, quando me dei conta, ouvi um silêncio estranho e até incomodativo no grande auditório. Levantei a cabeça e, ao meu lado, em pé, estava meu amigo segurando o microfone.

– Meu nome é Marcio Moreno – anunciava com voz grave sua posição profissional: mais de 30 anos de atuação na área de RH, empresa e estado de domicílio –, enquanto várias pessoas se levantavam do outro lado da arena para ver quem estava falando.

– Eu o parabenizo pela conquista da premiação de *Melhor empresa para se trabalhar*, mas, no ano passado, o senhor demitiu aproximadamente quinhentos colaboradores, contemplando, entre eles, profissionais da área de RH, inclusive o seu gerente com mais de 13 anos de dedicação à sua organização! O senhor está afirmando que é importante que a área de Gestão de Pessoas sente-se à mesa para as decisões estratégicas da sua organização, com o que concordo plenamente, porém seu discurso, na prática, é diferente. Seu representante de pessoas na empresa participou do último planejamento estratégico? O senhor acabou de dizer que "As pessoas são o principal ativo da sua empresa". Além das obrigações legais, o que a sua empresa fez com os quinhentos colaboradores que deixaram a organização? Por que não manteve os benefícios oferecidos ao seu principal ativo? Peço desculpas pela minha contundência e talvez insanidade, mas, na realidade, há mais de 20 anos escuto as mesmas propostas, os mesmos conceitos, as mesmas promessas, e quase nada acontece, na prática, na maioria das empresas! Com sua licença!

Ato contínuo, vejo-o retirando-se do auditório, em passos largos e cabeça baixa, e os congressistas se levantando, aplaudindo-o, assobiando com alguns gritos ouvidos no meio da multidão: "É isso mesmo, chegou a hora de mudar".

Paralisado, ameacei levantar-me, olhei para a arena e vi somente as poltronas e a mesinha com um copo cheio de água; estrategicamente, a música ressoava forte, e ainda escutava os aplausos e os assobios, já próximo da saída do auditório. Embriagado pelo acontecido, encontrei o Marcio no estande de uma importante editora, conversando com seu proprietário e um dos patrocinadores do evento. Interrompi, abruptamente, aquele contagiante bate-papo.

– Cara, você enlouqueceu!? O que deu em você? Você viu o povo aplaudindo? Fale alguma coisa, por favor!

E, antes que ele pudesse se manifestar, cutuquei-o pelas costas.

– Olha só quem está vindo em nossa direção!

Vejo o palestrante que havia sido interpelado pelo Marcio no auditório vindo pelo corredor, com o olhar fixo em nossa direção, acompanhado pelo patrono do evento, que gesticulava, apontando o dedo indicador para o estande em que estávamos.

– Marcio, o que vamos fazer?

– Acho que chegou a hora de pararmos de "dourar a pílula" e colocarmos o dedo nas feridas, questionarmos o modelo atual de gestão, que difere a teoria da prática. Vamos colocar a boca no trombone, Jefferson! Vamos falar a verdade para todo mundo! Parar de nos enganarmos e trabalhar com a realidade, nua e crua! E por que não colocar esses questionamentos no papel? Ou melhor, por que não escrever um livro?

– Fernando, você publica?

Capítulo I

Como é o RH Hoje?

Foi um privilégio, na minha vida profissional, conhecer o “Seu Roberto”, um dos mais capazes gestores de pessoas com quem convivi; acompanhei sua trajetória profissional desde a direção do RH de uma grande montadora até se tornar um dos consultores organizacionais mais competentes e requisitados do país. Com seus cabelos e bigodes brancos - resultado de uma genética precoce- e um semblante tranquilo e sereno, desenvolvia suas atividades utilizando-se das grandes armas que aprendera na guerra: a compreensão dos problemas sociais e a busca de soluções compatíveis com os recursos disponíveis na organização e na comunidade.

Nos idos dos anos 70, participei da estrutura de uma grande empresa ferroviária, capitaneada por ele, onde tínhamos como objetivo a montagem de um corpo de recursos humanos competente, que pudesse buscar soluções para os grandes problemas gerados por atividades desestruturadas, ou sem padrão, em ferrovias, como era o normal daqueles tempos. As estruturas de RH, nessa época, começavam a crescer em tamanho e importância, e naquela organização não era diferente.

Lembro-me bem que, num certo dia de inverno, numa manhã de muita chuva, o sindicato resolveu fazer uma “visita” à portaria de entrada dos empregados, com seu famoso carro de som. Ao mesmo tempo em que obstruíam a entrada dos trabalhadores, gritavam, em seus potentes alto-falantes, palavras de ordem, pleiteando muitos absurdos, como aumento salarial real de mais de 45%; redução de jornada de trabalho para 36 horas, sem redução salarial proporcional; aceitação, por parte da empresa, de um delegado sindical, presente diariamente nas instalações da ferrovia; admissão de um médico do trabalho selecionado pelo sindicato, e outros pleitos que, embora fora da realidade, despertavam a vontade dos empregados, que começavam a imaginar a possibilidade de tais conquistas. Era uma situação inusitada, já que o país se encontrava em pleno regime militar, e tais manifestações não eram permitidas.

Viam-se muitos grupinhos de funcionários pelos cantos, falando ao pé do ouvido, balançando a cabeça, ora em movimentos de "sim", ora de "não"; notadamente a tensão aumentava, com quase todos os funcionários parados e escutando o discurso inflamado dos sindicalistas.

Roberto, premeditadamente, chamou-me, com sua costumeira serenidade, e me fez uma consulta, para o meu aprendizado:

– O que fazer? Pedir intervenção da força policial, criando um grande *case* a ser explorado pelo sindicato, ou buscar soluções contemporizadoras?

Sem esperar a minha resposta, Roberto, imediatamente, convocou seus gestores e, numa reunião relâmpago, orientou-os a se distribuírem pela oficina, reunindo-se com os funcionários e explicando-lhes a posição da direção, assim como a postura sindical, buscando convencê-los de que tais reivindicações não tinham uma sustentação lógica e coerente e que, portanto, não havia possibilidade de atendimento. Além disso, o sindicato não havia feito nenhum pedido prévio de reunião para discussão de quaisquer assuntos ligados à sua pauta, reforçando ainda que a organização estava, como sempre, aberta à análise das solicitações viáveis, mas de forma disciplinada, organizada e com os funcionários trabalhando.

Apressado, Roberto se deslocou ao encarregado da segurança patrimonial e pediu que fosse até o carro de som e convidasse dois ou três de seus principais dirigentes para um encontro com ele na sala de reuniões. Os sindicalistas escolhidos deixaram o carro de som com músicas em alto volume, enquanto foram ao encontro dele.

Quantas vezes vi funcionários irem ao encontro de Roberto, enfurecidos por apresentarem problemas de ordem profissional, ou até pessoal, problemas esses nem sempre com possibilidade de solução, e, mesmo assim, saírem felizes da sala daquele homem por terem recebido um atendimento humanizado, respeitoso e competente!

Com o sindicato não foi diferente. O encontro foi muito amigável, e Roberto pôde explicar que tais pleitos estavam longe de se constituir numa proposta coerente e viável. Todavia, comprometer-se-ia a desenvolver uma pesquisa entre seus funcionários, para obter destes um sentimento mais afinado a respeito de suas expectativas com relação à organização e também à pauta de reivindicações do sindicato.

Como solução imediata, Roberto sugeriu, de forma até um pouco irônica, que ele mesmo explicasse essa posição aos funcionários, no próprio carro do sindicato, sendo que os dirigentes sindicais presentes acabaram decidindo que eles mesmos passariam essa posição aos trabalhadores, os quais aguardavam pacientemente o desfecho daquela reunião.

Prontificou-se, ainda, a não notificar os órgãos policiais da visita inesperada.

E assim foi feito.

Os dirigentes deixaram a sala de reuniões de forma tranquila, encaminhando-se diretamente ao caro de som e passando as informações da conversa aos trabalhadores que lá estavam. Em pouco mais de meia hora, os "visitantes" já não estavam mais naquela portaria e os empregados retomaram à sua rotina diária de forma tranquila.

Assim era Roberto, o homem que realmente fazia valer o dito popular que diz que *Se a vida lhe der um limão, faça dele uma limonada"!* Claro que dispunha, naquela oportunidade, de uma estrutura que lhe permitia estratégias como essa ora descrita, diferentemente das estruturas atuais e das tendências futuras.

Um Pouco da História

Falar em gestão de pessoas, não levando em consideração que esta é uma realidade que nem sempre existiu e que nem sempre se pensou nas pessoas como sendo o principal ativo de uma organização, é desconhecer a história do desenvolvimento organizacional. Taylor, em 1911, em seu livro *Princípios de Administração Científica*, dizia que deveria haver planejamento e aplicação de métodos científicos no desenvolvimento dos trabalhos, fazendo com que os operários se tornassem cada vez mais experientes naquilo que faziam, realizando, assim, de modo mais rápido e eficiente, a produção, sem pensar se os desejos e objetivos do trabalhador estavam sendo considerados. Daí vem a constatação da necessidade de valorização das relações humanas. Elton Mayo, com base em suas experiências, ressaltou a importância de fatores psicológicos e sociais na produção. Em consequência disso é que as relações humanas passaram a ser valorizadas no trabalho.

Avançando um pouco no tempo, a área responsável pela administração de pessoas, nesses últimos 50 anos, vem experimentando significativas modificações, tanto no aspecto operacional como no comportamental. Configurações e abordagens dessa área foram experimentadas e alteradas ao longo desse tempo, como o departamento pessoal, nos anos 60, passando por relações industriais, recursos humanos e para enfoques voltados às pessoas, como gestão de pessoas ou talentos, nos dias atuais. Evidentemente, não há como negar o importante desenvolvimento na área de administração de pessoas nesse período.

Todavia, para algumas questões ligadas a esse tema, ainda não há respostas e resultados claros e objetivamente coerentes.

Para ilustrarmos melhor nossa discussão, seria de fundamental importância que analisássemos alguns dados voltados ao mercado de trabalho, bem como dos trabalhadores que formam essa massa crítica. Segundo dados do Cadastro Geral de Empregados e Desempregados (CAGED), a participação do setor industrial, no total de mão de obra nacional, caiu, entre 2002 e 2011, de 21,1% para 11,2%. Houve, então, uma significativa migração dessa mão de obra para outros setores, como os de serviços, comércio, 3º setor, construção civil, entre outros.

E a área de administração de pessoas estava preparada para tal mudança, já que sua trajetória de desenvolvimento, durante todo esse mencionado período, teve sua maior formação voltada para a indústria? Como resolver a migração da mão de obra da indústria para outros setores? O órgão responsável por essa relação administrativa está pronto para enfrentar esse novo desafio? Como é administrar RH em um restaurante, em uma lanchonete, em uma pequena ONG? Como equacionar o problema do equilíbrio capital/trabalho que, teoricamente, é uma responsabilidade do gestor de pessoas, se os interesses do patrão são antagônicos aos do trabalhador, e o patrão é quem emprega esse gestor?

Vamos responder a essas indagações nos próximos capítulos.

A 1º Revolução na Área de RH e a Influência da Comunicação

Com a instauração do regime militar (1964 a 1985), os sindicatos perderam sua liberdade de manifestação em prol dos trabalhadores, já que os que participavam dessas instituições estavam entre os maiores adversários políticos dos militares da ditadura, percebidos como sendo perigosos, de esquerda e/ou comunistas. Castelo Branco usou a lei trabalhista para eliminar a oposição sindical, intervindo em sindicatos e afastando seus líderes. O governo, então, passou a definir a política salarial. Em pouco mais de um ano, a ditadura impôs intervenção federal em cerca de 500 sindicatos: as diretorias foram destituídas e interventores nomeados pelo governo. Os dirigentes sindicais deveriam, então, ter seus nomes aprovados pelo Ministério do Trabalho.

No governo Geisel, apesar da força das medidas de repressão, a oposição continuava crescendo. As greves do ABC Paulista aprofundaram a crise da ditadura. Os trabalhadores exigiam reposição salarial com base nos índices de inflação de 1973. De acordo com o Banco Mundial, os índices foram manipulados pelo governo Médici: o Ministro da Fazenda determinava que a inflação não poderia ser superior a 15%, mas o Banco Mundial estimou-a próxima a 25%.

Foi nesse período que os sindicatos se prepararam, cada vez mais, para enfrentar as grandes empresas. Todavia, essa postura não era sentida pelo lado patronal como estrategicamente importante, até porque o próprio regime político daquele momento não estimulava o empresariado a desenvolver pessoas com competência para negociar com os representantes da classe trabalhadora. E aí começa o desequilíbrio de forças de negociação e de preparo para os embates sindicais. De um lado, o sindicato mais preparado e forte a cada momento, e, de outro, um RH que até então só tinha como objetivo uma assertividade cartorial e legal, preocupantemente despreparado para negociar e agindo de maneira desinformada, subjugando as estratégias dos líderes sindicais.

Dentre as temáticas relacionadas a esse desequilíbrio, um tema que muito se destacou nas relações de trabalho foi o da **comunicação**. Academicamente falando, "comunicação é o conjunto de técnicas e atividades que procuram a fluidez de mensagens entre os membros de uma organização, assim como entre esta e seu meio, afetando opiniões, atitudes e condutas, tanto para os receptores internos como externos, a fim de alcançar seus objetivos". Falando de organizações, a quem cabia a responsabilidade de uma comunicação eficaz? E, antes ainda, o que vinha a ser uma comunicação eficaz? Então, vejamos: comunicação eficaz, de responsabilidade corporativa da área de gestão de pessoas, é o envio de uma mensagem de forma clara e objetiva, utilizando o canal adequado, de forma a assegurar sua boa e entendível recepção, podendo influir, de alguma maneira, no comportamento de outras pessoas.

Parece fácil, diante desses conceitos, a comunicação dentro das empresas. Entretanto, o tema tem sido um dos grandes desafios do gestor de pessoas do novo século. É que, ao mesmo tempo em que nos preparamos para gerir novas ferramentas e tecnologias – obviamente de indiscutíveis vantagens para a modernidade –, perdemos o foco nos projetos simples, voltados às pessoas.

E a comunicação está entre esses projetos simples. Faz parte de nossa missão tornar as pessoas motivadas, e isso só se alcança quando deixamos claro, numa organização, suas metas e objetivos. Acontece quando o colaborador tem condições de medir sua importância no contexto organizacional. Na maioria das vezes, as organizações não sabem se comunicar, ou o fazem de maneira formal, com linguagem rebuscada e sofisticada, impondo suas determinações sem ouvir sugestões ou críticas de sua "força de trabalho". Não é raro empresas identificarem seus colaboradores como meros números de registro.

O sindicato também analisou essa deficiência nas organizações e desenvolveu formas de preencher essas lacunas deixadas pelos "gestores de RH". Palavras de ordem, jornais com a linguagem usada pelos trabalhadores, personalização de tratamento, bandeiras que vão ao encontro dos anseios populares, entre outras, são algumas das formas de abordagem ao companheiro usadas por eles. Em razão disso, por conta da dificuldade pedagógica de se comunicarem, os "interlocutores" organizacionais foram perdendo espaço na credibilidade de seus funcionários. E foi esse sindicato da simplicidade da comunicação que se desenvolveu durante esse período para enfrentar os novos desafios organizacionais.

Sejamos objetivamente simples e humildes. Por que não desenvolver, na organização, programas que melhorem a qualidade da comunicação entre empresa e empregados? Enfim, uma organização tem plenas condições de alcançar o diferencial competitivo quando foca seus esforços na comunicação estabelecida com seus funcionários e consegue motivá-los ao fazer com que se sintam parte do processo, construindo um relacionamento com sua equipe, informando, persuadindo, envolvendo e, consequentemente, motivando, ajudando a construir uma imagem organizacional mais clara, limpa, para os diversos públicos da organização, pois a imagem que o público interno tem da empresa pode refletir-se na imagem percebida pelo público externo.

Outro aspecto a ser cuidadosamente considerado na análise da comunicação é o do comprometimento dos funcionários com os objetivos organizacionais. "Eu só posso me comprometer com alguns objetivos caso os conheça e entenda". Aí, sim, o funcionário ganha a força da conscientização para defender, de maneira inequívoca, tais objetivos. "Eu só me sinto à vontade para vender aquilo que não tenho dificuldade de comprar". Portanto, a comunicação volta a demonstrar sua importância no desenvolvimento organizacional.

Por fim, a comunicação determina a eficiência, tanto para a solução de problemas quanto para o fortalecimento das relações entre as pessoas. Obviamente, esses diversos aspectos contribuíram para resultados desfavoráveis, que começaram a incomodar o empresariado. Este, por sua vez preocupado, passou aos seus gestores de pessoas a responsabilidade pelo papel de interlocutores da empresa com as demandas sindicais. Com isso, houve um significativo crescimento da função vista como responsável pelas relações trabalhistas da organização, resultando na especialização de negociações, assim como maior sensibilidade aos problemas responsáveis pela melhora da qualidade de vida dos trabalhadores. E esse movimento sindical influenciou significativamente o crescimento da área de gestão de pessoas, período que chamamos de ***1ª revolução da área de RH***.

Superestruturas de RH Solucionam Todas as Questões?

Durante as quatro últimas décadas aproximadamente, o entendimento da maioria das empresas, principalmente as do setor industrial, era o de que, para ser grande e respeitada no mercado, fazia-se necessário sustentar grandes estruturas organizacionais, e a área de administração de pessoas não fugia de tal conceito. As áreas de segurança patrimonial, restaurante industrial, jurídico-trabalhista, medicina ocupacional, limpeza, entre outras, ainda seguiam o rigoroso conceito de "autogestão". Quando um empreendedor resolvia implementar uma área de recursos humanos na estrutura organizacional do seu negócio, por exemplo, normalmente o principal motivo era o crescimento expressivo do número de colaboradores. Com essa demanda de contratação, vinham tantas outras dúvidas e necessidades: Como gerir? Como contratar? Como manter o clima organizacional positivo? Como disseminar os valores e a cultura a todos os novos colaboradores? Como pagar? Como promover? Como reter? E mais importante: como manter um nível de mão de obra compatível com os custos fixos e variáveis e equilibrado com as organizações concorrentes? Eram tantos os desafios!

Aliás, falando em custos, tenho sempre em mente ensinamentos que aprendi nessa minha jornada profissional: se produzo e vendo, por exemplo, uma caneta esferográfica num mercado que tem como padrão um preço unitário de R$ 1, não posso imaginar que essa minha caneta, com o mesmo perfil e qualidade das concorrentes, entre no mercado por R$ 1,50 ou R$ 2. E, caso isso ocorra, não terei chance de comercializar meu produto frente ao dos meus concorrentes. O que preciso fazer é diminuir meus custos fixos e melhorar a minha produtividade. Para isso, o caminho mais rápido e direto seguido pela maioria dos *generais managements* tem sido a redução da folha de pagamento. É por aí que as organizações têm desenvolvido suas estratégias, o que, de certa forma, vem influenciando o tamanho e o perfil das estruturas organizacionais.

O mercado impõe regras de desenvolvimento empresarial, e uma dessas duras regras é a equiparação das forças organizacionais para uma competição, a mais equilibrada possível. E o papel estratégico do RH não atua nesse contexto?

O que se tem observado, em várias organizações, é a área de RH sendo implementada sob o "chapéu" da área administrativa, atuando principalmente em subprocessos transacionais e na operacionalização do processo de recrutamento e seleção dos novos colaboradores. Ou seja, a área já nasce com uma imagem de que o papel estratégico ficará em segundo plano, que o relevante da implementação será o papel operacional que ela trará para o negócio.

E esta tem sido a fotografia organizacional dos últimos anos: estruturas diminuindo significativamente, processos de terceirização aumentando consideravelmente, e a empresa focada no seu *core business*.

É claro que a interação da área de RH com a área administrativa é e será fundamental, mas isso não significa que elas devam ficar sob a mesma "batuta". Aliás, acredito que a principal reflexão, aqui, não é onde a área de RH deve se situar na estrutura organizacional, e sim como a importância da área será vista e comunicada à empresa, como um todo, nos próximos anos.

Acredito que a área de RH precisa ser realmente vista pelo empreendedor como importante e necessária para alavancar os negócios e fazer valer sua missão, visão e valores organizacionais. Hoje, não é incomum observarmos que a postura de alguns altos executivos de importantes organizações define seu gestor de pessoas como um profissional que traz uma experiência relevante na área, que está alinhada com a cultura e os valores dessa organização. Essa pessoa deverá ser o "braço direito" do empreendedor, estando totalmente alinhada às demandas de crescimento e às estratégias da empresa.

Diante de tais cenários, algumas questões merecem reflexão: O RH de hoje atende e está estruturado para enfrentar os desafios dos próximos anos? O modelo estrutural atual merece uma revisão? O RH de hoje conquistou uma cadeira definitiva na mesa estratégica organizacional, independentemente das mudanças que têm ocorrido e que são ainda passíveis de ocorrer? Quem sabe possamos tirar novas conclusões a respeito dessas leituras mais adiante.

História das Formigas Recursos e as Formigas Talentos – 1ª Parte

O fato é que não sei de onde veio Sauvita. Nem sei, com certeza, para onde ela foi. Nem sei o seu nome verdadeiro, pois o nome Sauvita, que agora dou a essa formiguinha, poderia ser Maria, Joana ou Pequena Poderosa. "Sauvita", então, lhe foi dado como um apelido. Só isto é que é certo: que ela desapareceu do mundo que conhecemos e foi parar em um reino onde formigas organizavam-se como gente, falavam como gente, mas não eram gente, eram formigas. E veio do mundo das formigas para me contar uma história, a qual compartilho neste livro.

Pois bem, aconteceu, disse-me ela, nos dias em que Georfa, filha da famosa Georfersina Mãe, tornara-se monarca de todo o formigueiro. Georfersina Mãe havia sido mãe solteira; Georfa, como a mãe, também era solteira, e tinha, como a mãe, lealdade e afeição ao gigante tamanduá Ard-Li; na sua visão, os seus deveres como mãe, ou seja, os de produzir mais filhas e filhos que defendessem o formigueiro, estavam cumpridos. O fato de enviar alguns à morte pela língua do Ard-Li era visto como justo, pois assim ele deixava o formigueiro em paz. Entre as jovens formigas filhas de Georfa, a atual monarca, havia, naquela colônia, Raissa, filha já mais velha de Georfa, que, certo dia, chamou Sauvita para acompanhá-la ao topo do formigueiro.

– Sabe essas excursões? – perguntou ávida, inteligente e modesta, como se tornavam as formigas mais experientes das quais era uma.

'Que excursões?!', ainda assim pensou Sauvita. O batalhão de formigas muitas vezes partia do formigueiro em busca de folhas para o fungo, às vezes em formação, outras, desacompanhadas mesmo. Seriam essas as excursões?

– A monarca Georfa – nossa mãe – continuou Raissa – deu-nos o conhecimento do ofício florestal e aconselhou-nos, em geral, sobre comportamento e deveres de uma formiga da nossa espécie e na nossa função, bem como a conduta a ser adotada, do amanhecer ao anoitecer, e o cuidado com as... as... outras... – interrompeu sem completar.

– ...filhas? – completou Sauvita.

– Operárias – disse ela, e baixou as antenas.

– A nossa mãe – continuou – tem-nos apenas como recursos para manutenção e crescimento do formigueiro.

– Não sei – disse Sauvita, baixando também as antenas.

– Olha – alertou Raissa.

Sauvita olhou na direção para a qual Raissa apontava.

Antes do seu olhar alcançar o Horizonte, foi interrompido por outro formigueiro que se erguia do chão, como uma montanha. Era uma colônia muito mais alta do que a delas. Muito maior mesmo, quatro ou cinco vezes maior. Sauvita havia visto as primeiras colonizadoras daquela colônia gigante sobrevoarem aquela área no início da primavera, e aquilo não fazia muito tempo.

– Chegaram depois de nós – exclamou – e já são imensamente maiores.

Raissa pareceu não prestar atenção à exclamação de Sauvita. Em vez disso, ergueu-se, equilibrando-se apenas nas quatro patas traseiras.

– Nas excursões – disse solene – encontrei formigas deste formigueiro. São como nós, do mesmo tipo, do mesmo tamanho e cor.

– Por que a colônia é tão grande?

– Vamos descer – convidou Raissa.

Foram descendo, e Raissa foi relatando o que havia descoberto em suas aventuras solitárias. Não falaria com Georfa. Valeria a pena arriscar? Ela a ouviria? Se ouvisse, poderia roubar-lhe a vida, enviando-a a Ard-Li. Raissa pretendia morrer de velha e ir habitar o Lugar Arejado, para onde iam as formigas que, depois da morte, deslocavam-se para o mundo exterior à colônia, deixando o acaso conduzi-las ao fim, mas não ao Ard-Li. A colônia vista no Horizonte, contudo, era muito maior, e Raissa confessou que sabia que aquelas formigas eram mais felizes, tinham vida mais longa e trabalhavam com um certo gosto e entusiasmo pelo bem do formigueiro, que nem parecia um formigueiro como o delas, ou como os outros que imaginavam. "Eu me pergunto o que isso significa." – pensou Sauvita.

Raissa pareceu ouvir os seus pensamentos.

– Bom, meu tesouro – foi dizendo –, nós, formigas, ficamos espantadas quando vemos outras formigas capazes de conduzir um formigueiro para que ele cresça, como fazem as nossas vizinhas no Horizonte, não é verdade? São formigas tão fortes que nem o Ard-Li nem outro tamanduá ousaria atacá-las.

– Qual o erro com o nosso formigueiro? – perguntou Sauvita já quando chegavam à entrada da colônia.

– É como a nossa monarca nos vê – respondeu depressa Raissa.

Sauvita levantou as antenas para tentar entender.

Raissa continuou:

– Nossa mãe, a monarca, nos vê como meros recursos – afirmou. No formigueiro do Horizonte, as formigas são vistas como talentos. É esse o segredo.

As antenas de Sauvita viraram-se para todos os lados, ela não conseguia mesmo entender.

– Mas não somos apenas recursos? – perguntou. Por que ser talentos? O que é ser talento? Que diferença faz?

– Ah! – disse Raissa repetindo os gestos anteriores, que é como formiga ri – Há coisas que percebo que você não sabe. Encontre-se comigo no topo da colônia, no raiar do sol, para falarmos sobre recursos e talentos e como o pensar de uma ou de outra forma leva um formigueiro a ser mediano e assolado pelo Ardi-Li, como o nosso, ou a ser enorme e mais feliz como o que vimos no Horizonte.

– Não pode ser hoje? – quis saber Sauvita.

– Não – disse Raissa – Só amanhã – completou e entrou no formigueiro, desaparecendo nos corredores.

Enquanto se afastava, Raissa murmurava coisas que Sauvita não entendia, coisas sobre a concupiscência ser despertada em nós quando descobrimos que uma formiga longe de uma colônia...

– Mãe Georfa – gritou Raissa –, estou de volta!

Capítulo II

O Eterno Conflito

Lembro-me bem de uma empresa de tecelagem e fiação que ficava num modesto bairro de uma grande metrópole, com aproximadamente 400 empregados, os quais aparentavam viver felizes com seu trabalho e se dividiam entre operações de máquinas e atividades manuais. As máquinas eram antigas, e algumas até rudimentares, embora o mercado já tivesse equipamentos de tecnologias mais modernas. Justamente no dia em que completava 10 anos de empresa, um dos empregados, ao fazer uma operação de suprimento de matéria-prima em seu tear, foi surpreendido com a quebra de uma engrenagem, que não tinha nenhum tipo de proteção, de sua máquina, e os fragmentos foram jogados para todos os lados do salão de produção. Como ele estava distraído ao lado do equipamento, recebeu um desses fragmentos metálicos em seu olho esquerdo, o que o fez delirar de dor, uma vez que também não utilizava nenhuma proteção contra impactos. A empresa não tinha ambulatório médico, o que obrigou o encaminhamento desse acidentado ao hospital mais próximo para os primeiros socorros, sendo levado por alguns de seus colegas de trabalho.

Aí começa uma via-crúcis! O trabalhador é afastado por tempo indeterminado, os colegas começam a questionar as condições de trabalho da empresa, questionam tanto a remuneração, diretamente desproporcional ao risco de operar máquinas tão despreparadas e obsoletas, como o despreparo administrativo para casos como o do colega afastado, quando, então, surge uma liderança entre esses trabalhadores.

A nova liderança dos trabalhadores, até então sem o reconhecimento formal da administração da empresa, começa a investigar, com muito mais riqueza de detalhes, as condições de qualidade de operação oferecidas aos empregados. Elabora uma lista de reinvindicações e propõe, com outros colegas mais voltados à luta pelos interesses coletivos, uma reunião com a empresa, que, obviamente, nega-se a atendê-los. O sindicato dos trabalhadores, informado dessas movimentações na empresa, reforça a intenção desse pequeno grupo de lutadores e homologa o movimento, transformando o grupo em representante dos trabalhadores daquela empresa com o sindicato. Todavia, a antiga tecelagem não estava preparada para negociações. Não tinha um interlocutor capacitado para sentar-se à mesa de negociação representando a posição patronal e buscando conciliar os interesses dos trabalhadores. E essa realidade era comum na maioria das empresas da época. O que fazer? Como fazer? E mais uma greve eclode de forma compulsiva e incontrolável, levando aquela organização, antes tranquila, a uma paralisação de mais de duas semanas, com o julgamento do mérito do movimento sendo realizado pelo Tribunal do Trabalho, cujo resultado é traduzido em importantes perdas financeiras e morais por parte da "despreparada" tecelagem.

RH como Agente de Qualidade de Vida. O Patrão Concorda?

Situações como essa narrada no início deste capítulo concorreram, nas últimas décadas, para as empresas realizarem estruturações em seus RH's, preparando-os para essa nova realidade. Ações como o desenvolvimento dos gestores para negociações, criação da figura da assistente social, para atendimentos pessoais dos trabalhadores; psicólogas organizacionais, para captarem a melhor qualidade de mão de obra; instrutores de treinamento e desenvolvimento de pessoal, para aprimorar seus profissionais; área especificamente voltada à integridade física de sua força de trabalho, com médicos, engenheiros, técnicos e enfermeiras do trabalho, entre outras, eram comuns nas grandes organizações para enfrentar e atender às novas exigências legais e sindicais que cresciam exponencialmente. As estruturas de RH passaram a ser importantes fatias do total do quadro de funcionários, chegando, em alguns casos, a representar de 5% a 10% do total da força de trabalho. Claro que estamos falando de um período de "vacas gordas", já que a crise só foi vista com mais intensidade no início dos anos 80, o que, portanto, permitia tais sofisticações.

Todavia, os problemas continuavam. O fato de serem criadas grandes estruturas na gestão das pessoas não assegurava a eliminação dos conflitos; os interesses dos trabalhadores não eram atendidos pelos patrões e nem ao menos analisados por eles. Como a área de RH deveria se posicionar em relação aos pleitos de seus empregados, se essa área era subordinada ao patrão, que tinha objetivos e necessidades inversos aos de seus empregados?

Na realidade, a área de RH sempre atuou como uma atividade objetivamente cumpridora de políticas nem sempre criadas por ela, ou nem sempre com a sua participação. Os objetivos do RH, frequentemente, colidiam com os objetivos de outras áreas. Por exemplo: o RH propunha um treinamento: a área financeira o podava em razão de custos; o RH propunha um evento que necessitava da presença de gestores: as demais áreas dificultavam essas participações por priorizar outras atividades; o RH realizava seleções de forma técnica: as áreas dos clientes escolhiam candidatos que nem sempre preenchiam o perfil recomendado, e tantos outros exemplos que mostravam a fragilidade do RH perante outras áreas.

Dizer que o RH era estratégico merecia – e merece atualmente –, uma boa reflexão. Na realidade, deveria, sim, haver um papel estratégico nas organizações, mas isso nem sempre foi visto dessa forma. Evidentemente que algumas organizações com visão de futuro trataram-na dessa forma, mas, infelizmente, não estamos falando dessas organizações, que nunca representaram a maioria das empresas.

Obviamente não podemos desconsiderar os cenários, que se apresentam a cada momento, da nossa vida profissional. Existem momentos de cenários de incertezas, e, nesses períodos, é preciso saber usar o bom senso para separar o que é reflexo da ansiedade daquilo que é fruto das condições econômicas. Hoje, ao olhar para a crise que assola o mundo – e particularmente o Brasil –, devemos ter o cuidado de entender, prever e nos prepararmos para enfrentar seus impactos em nossa economia.

O RH poderia ajudar as empresas a enfrentarem períodos de turbulência? Para responder a essa questão, foram ouvidos especialistas e profissionais da área, sendo possível perceber que momentos de turbulência ensejam, além de grandes desafios, grandes oportunidades para o RH mostrar-se cada vez mais como um parceiro estratégico dos negócios, embora, como já foi constatado, nem sempre seja essa a visão dos patrões. Segundo esses profissionais, foram recomendados caminhos e proposições para a atuação da área de RH, como, por exemplo, a importância de monitorar o clima, porque, nos momentos difíceis, a tendência é as pessoas ficarem tão preocupadas que isso acaba afetando negativamente o ambiente da empresa como um todo; reforçar a necessidade de dar maior atenção à comunicação na empresa, mantendo elevado o moral do grupo, conquistando e fortalecendo, assim, a confiança dos empregados; continuar investindo em treinamento; estar cada vez mais ao lado da liderança, para dar suporte às decisões que se fazem necessárias, uma vez que, diante de um cenário de incertezas, os líderes tendem a sentir-se isolados, sozinhos; criar canais que permitam que todos os funcionários deem ideias para melhorar os produtos, os serviços e o próprio dia a dia da organização, além de tantas outras ações que poderiam, realmente, ajudar as organizações na travessia desses momentos. Entretanto, as empresas querem realmente o RH envolvido nessas ações estratégicas?

"A tecnologia vai reinventar o negócio, mas as relações humanas continuarão a ser a chave para o sucesso." (Stephen Covey)

Na Crise, como Fica a Relação entre Capital / Trabalho e o RH?

Diz uma antiga analogia, até com muita sabedoria, que a área de RH é o "recheio" de um sanduíche. Esse "recheio" recebe, de um lado, meio pão, que representa o patrão, e o outro meio pão representa os empregados. Parte desse pão pressiona o "recheio" para baixo, com orientações inibidoras do crescimento de direitos e benefícios à sua força de trabalho, até porque – e principalmente – ações nesse sentido representam aumento de custos, e a outra parte, para cima, buscando melhores condições de trabalho, no sentido amplo desse entendimento.

E este é o grande objetivo da área de gestão de pessoas: o equilíbrio do capital x trabalho, sendo o capital entendido como o patronato, e o trabalho, seus empregados. Podemos também exemplificar de outra forma: direitos e deveres. Em outras palavras, o empregado só quer saber de seus direitos, e o patrão só quer saber dos deveres dos empregados. Como equilibrar essa equação capital x trabalho se o RH é subordinado ao capital? Poderia esta área contrariar as orientações recebidas do "chefe" e atender às necessidades identificadas nos trabalhadores, buscando o famoso equilíbrio? Nesse atual modelo organizacional, esse hercúleo trabalho sempre enfrentará muita dificuldade.

Além dessas dificuldades, as áreas de RH passaram a receber trabalhos estranhos às suas atividades de vocação; tudo o que a organização não sabia onde "pendurar" subordinava ao RH: serviços gerais e malote, qualidade, relações públicas, secretaria, entre outros, o que fez com que a área de RH ficasse ainda mais pesada e com mais ênfase administrativa; consequentemente, com menos visão na gestão das pessoas e menos ênfase comportamental.

E tão grave quanto a ação de "pendurar" atividades na área de RH foi a de eliminar aqueles que tiveram um importante papel nas organizações. Onde foram parar cargos como o de assistente social, psicólogo, instrutor de treinamento e outros que tanto ajudaram na qualidade e manutenção do clima organizacional? Simplesmente, na grande maioria das empresas, foram extintos, passando tais funções para os gestores de RH, quase sempre despreparados para esses trabalhos. Mas como discutir uma ordem, ou melhor, uma determinação do patrão?

Por que os trabalhos de auditoria são eficientes? Porque são empresas contratadas externamente, independentes, sem nenhum vínculo com a administração da empresa, e, portanto, livres para apresentar suas conclusões "doa a quem doer".

Por que o RH não poderia ter um modelo análogo?

Há outra constatação observada nesses anos de análise: embora a área de RH seja aquela área que, obstinadamente, procura conquistar e convencer o trabalhador da sua importância no contexto organizacional, a empresa, ao enfrentar dificuldades, demite esse trabalhador por conta de reestruturações ou redução de despesas! Como fica, perante a comunidade organizacional, todo o trabalho de conscientização realizado pelo RH com esse trabalhador? Na realidade, em muitos casos, não há nenhum tipo de repercussão, pois, ao permanecer a tal crise por mais algum tempo, é o próprio pessoal do RH que "entra" no corte! E todo aquele trabalho para conquistar a confiança dos trabalhadores fica desmoralizado. Isso é participar do "estratégico" da organização?

Obviamente que a situação ideal, para qualquer que seja o tamanho da empresa, é que os funcionários saibam respeitar a hierarquia e as regras de cada corporação, e, ao mesmo tempo, que a empresa saiba respeitar os direitos legais desses funcionários. Pensando nisso, o gestor de pessoas tem a missão de observar melhor a relação dos supervisores com os subordinados e em como essa relação se comporta na busca do equilíbrio empresa x empregado.

Provocando mais uma vez o leitor, lidar com pessoas é sempre algo desafiador. Encontrar a dose certa de gestão é o segredo para atingir uma equipe unida, ativa, motivada e interessada pelo trabalho. O amigo demais pode fazer com que o grupo não o visualize como líder, perdendo a referência de quem é quem, ou melhor, de quem manda em quem. Já o excesso de autoritarismo pode colocar uma grande barreira diante dos funcionários, mantendo-os sempre distantes da supervisão.

Paternalismo – Um Conflito para Gestão de Pessoas.

Paternalismo, em sentido lato, é um sistema de relações sociais e trabalhistas unido por um conjunto de valores, doutrinas políticas e normas fundadas na valorização positiva da pessoa do patriarca.

Em sentido estrito, o paternalismo é uma modalidade de autoritarismo na qual uma pessoa exerce o poder sobre outra, combinando decisões arbitrárias e inquestionáveis com elementos sentimentais e concessões graciosas.

Considerando as definições que acabamos de ler, faço, neste momento, uma pergunta provocativa: Podemos nos considerar, de maneira geral, uma administração de modelo paternalista?

Pois bem, ainda somos gestores de administrações paternalistas. Para demonstrar, de forma mais didática, essa afirmação, podemos usar como exemplo organizações que fornecem o benefício da cesta de alimentos. É comum, nessas organizações, impor aos trabalhadores os produtos que devem compor essas cestas e, mais do que isso, as marcas desses produtos. Por que não acrescentamos em seus salários o valor correspondente a essas cestas e lhes damos a oportunidade de comprar aqueles produtos que realmente os satisfazem? Ouvi, certa vez, que uma determinada empresa não dava o dinheiro correspondente a determinado benefício porque o trabalhador poderia sair do serviço e, em vez de ir para casa com esse dinheiro, parar num bar e gastar tudo em bebida com os seus amigos. E daí? Essa é uma decisão que cabe apenas ao trabalhador, e, por mais que possamos ter ideias diferentes, essa decisão não é da empresa. Será que essa atitude contribui, efetivamente, para o amadurecimento pessoal do trabalhador? Não devemos dar o peixe para alguém comer... devemos ensiná-lo a pescar! Isso, sim, é a essência do papel do gestor de pessoas.

Quantas outras decisões são tomadas pela organização de forma paternalista? Não chegou o momento de darmos aos nossos trabalhadores a oportunidade de tomar suas próprias decisões? Só cresce pessoal e profissionalmente quem decide, e decidir é, algumas vezes, também errar. E errar é aprendizado.

Um funcionário recém-admitido, ao término de sua primeira semana de trabalho, vai ao encontro do diretor. Adentra na sala, meio cabisbaixo, trazendo nas mãos contas de luz e água atrasadas e a notícia: o corte no fornecimento não passa do dia seguinte.

Desempregado que esteve nos últimos meses, sente-se hoje feliz com a oportunidade de trabalhar. Mas, como as despesas familiares não dão trégua, e dinheiro emprestado é mercadoria escassa, não vê outra alternativa que não seja solicitar ao patrão um adiantamento salarial. O empresário recebe as tais contas, acessa a internet, faz o pagamento e imprime os comprovantes. Aquela agonia acabou. Um motivo a menos para angústia. O que denota, porém, uma ação admirável – e até socialmente responsável – pode simbolizar um preocupante padrão de conduta na gestão dos negócios: o paternalismo corporativo, que tem se mostrado um caminho prejudicial às relações trabalhistas.

O empresário ou executivo que faz da exceção uma regra, atendendo a todas as demandas de sua equipe, coloca em risco a perenidade e o sucesso do próprio negócio. Nesse processo, cargos e funções atribuídos deixam de ser respeitados e metas precisam ser cumpridas a fim de que os resultados não fiquem comprometidos, decorrendo daí um natural relaxamento e acomodação, redução de responsabilidades, perda de produtividade, ausência de empenho. Tudo isso merece ser refletido e analisado.

"Onde quer que você veja um negócio de sucesso, pode acreditar que ali houve, um dia, uma decisão corajosa". (Peter Drucker)

Não podemos esquecer que organizações privadas são instituições que, diferentemente de órgãos públicos, têm que apresentar resultados positivos em seus balanços periódicos sob pena de insolvência do negócio. Assistência social é uma função pública que existe para criar alternativas de sobrevivência ao indivíduo nas grandes questões sociais ligadas à moradia, alimentação, saúde etc. Aí, sim, o conceito de paternalismo é tolerável.

Já a iniciativa privada não tem como objetivo a busca das grandes soluções assistenciais a seus empregados. O que algumas empresas lhes proporcionam é um serviço de atendimento em pequenos casos sociais, com vistas a auxiliá-los na solução de impasses pessoais, familiares, ou até financeiros, e que estejam previstos nos programas dessas empresas, claramente apoiados por normas internas para esse fim.

Um empregado desconcentrado no trabalho perde desempenho, fica exposto aos riscos de acidentes, tem dificuldades de aprender face à sua desmotivação, enfim, passa a ser um ponto fora da curva de produtividade de qualquer empresa. Por que não resgatá-lo de tal situação, se isso for tecnicamente possível, sem, entretanto, usar formas paternalistas de administrar?

O RH está preparado para essas ações? E o patrão, concorda com elas?

História das Formigas Recursos e as Formigas Talentos – 2ª Parte

No dia seguinte, de manhã bem cedo, ficaram sabendo que havia chovido muito naquela noite, e o Ardi-Li havia cavado muitos buracos em volta do formigueiro, de cujo topo avistavam os assustadores buracos que se encheram de água e transbordaram, interrompendo as estradinhas que as levavam da colônia à floresta para colherem folhas para os fungos.

Raissa sacudiu as gotículas presas nas patas dianteiras.

– Vamos descer. Vou levar você até a frente da colônia vizinha.

Sauvita relutou, mesmo assim, seguiu a irmã parede abaixo e pelo que havia sobrado dos caminhos. A travessia por entre os buracos exigia cuidados.

Tardaram, e o sol já estava a pique quando, com água dos dois lados e muita atenção, conseguiram atravessar o trecho alagado e seguir por um caminho quase seco, sem buracos, como se não tivesse chovido ali, chegando, finalmente, à frente do imenso formigueiro, que juravam ficar mais perto. Horizonte, pensavam, fica sempre mais longe do que se imagina. As patas ainda sujas do barro molhado que escorria do formigueiro, ao descerem a parede, e as antenas, que tiveram que limpar a cada poucos passos, pois não aguentavam tamanho cheiro de tamanduá, já as teriam, por si só, feito desistir de qualquer outra empreitada. Naquela, entretanto, Raissa seguiu tão altiva que, mesmo se Ardi-Li aparecesse, tinha a certeza de que só desistiria da visita ao formigueiro vizinho se virassem almoço de tamanduá, o que não aconteceu. Por isso ela estava ali, frente ao que mais parecia uma montanha.

– Vamos nos anunciar – disse Sauvita.

– Não falam a nossa língua – retrucou Raissa. – Ao menos é o que a gente sabe.

Sauvita bateu uma antena na outra.

– Se não vamos falar com elas, o que viemos fazer aqui?

– Para começar, quero que veja as placas.

– Placas? – Sauvita virou as lentes dos olhos para todos os lados, levantou e baixou as antenas, girou a cabeça e, depois, o torço. – Placas? Que placas?

– As placas que as promovem, o que, para todas nós, é a razão do seu sucesso.

Sauvita não demorou muito para entender o que Raissa falava. Logo acima do portal de entrada, encontrava-se uma placa longa, escrita numa língua que ela não entendia. Logo abaixo, em caracteres menores, pôde, aí sim, ler:

"Nós, formigas, somos mais livres porque somos mais perfeitas; somos mais perfeitas porque somos mais livres."

Raissa apontou, com as patas dianteiras, para o centro da construção.

Dessa vez, Sauvita identificou a outra placa, maior ainda, também em caracteres menores, e leu:

"De cada um, de acordo com as suas habilidades; a cada um, de acordo com as suas necessidades."

– Veja nos respiradouros ...

Sauvita levantou os olhinhos para as saídas de ar no topo do formigueiro. Outra placa, nas duas línguas, quase se escondia lá em cima:

"O formigueiro para quem no formigueiro trabalha."

– Eu ainda não entendo por que você me trouxe aqui – disse Sauvita.

– Pelas placas, mas não só pelas placas. Queria que você visse de perto o imenso formigueiro, queria que você visse de perto um formigueiro do qual tamanduá algum ousa se aproximar, queria que que você visse que as formigas, unidas, são mais fortes. Há coisas que, se apenas ditas, acabam esquecidas. Agora você viu. Agora você poderá decidir se quer lutar comigo...

O sol já se punha quando retornaram ao formigueiro molhado e sujo; os buracos já não pareciam tão cheios, mas o cheiro de tamanduá não enganava Sauvita: naquela noite, a Mãe Georfa, a monarca, entregaria mais filhas ao monstro. Sempre achara que as coisas eram assim e sempre seriam, mas, depois da visita ao formigueiro do Horizonte, algo havia mudado dentro dela. E foi sobre isso que conversou com Raissa o dia inteiro. Mas, como as formigas da grande colônia pareciam falar outra língua, não as visitaram. Sauvita pensava se não fora um erro deixar de visitá-las. Como é que não falavam outras línguas? Se assim fosse, quem teria escrito, em caracteres menores, as frases que ela lera?

Sauvita preparou-se para pedir à Raissa que lá voltassem em breve, pois queria saber mais sobre o grande formigueiro. Mas não teve tempo de dizer. Raissa já foi falando:

– Você vê, Sauvita, a nossa mãe, a monarca, nos vê como meros recursos. No formigueiro do Horizonte – e este é o segredo –, as formigas são vistas como talentos, como partes integrantes de uma colônia.

As antenas de Sauvita viraram-se para todos os lados, como sempre se viravam quando ela não conseguia mesmo entender.

Raissa parou na entrada do formigueiro, virando, como sempre, as antenas.

– Percebo que há coisas que você ainda não sabe. Encontre-se comigo de novo no topo da colônia amanhã, no raiar do sol. Vamos falar sobre como os tamanduás destroem os nossos formigueiros, e nós os reconstruímos; eles roubam o nosso território, e nós o ocupamos outra vez. Eles nos dividem, e nós nos unimos, porque somos formigas operárias. Somos o presente e o futuro deste e de todos os formigueiros que estão por surgir.

– Não pode ser hoje? – quis saber Sauvita.

– Não – disse Raissa – só amanhã – completou e entrou depressa no formigueiro, desaparecendo nos corredores.

Enquanto se afastava, Raissa chamava as outras pelo nome, um nome depois do outro, tão rapidamente que Sauvita mal entendia.

– ... amanhã, em cima do formigueiro – repetia Raissa, de vez em quando, trocando a lista sem fim dos nomes pela mensagem – faça chuva, sol, venha ou não venha o Ardi-Li esta noite...

Sauvita sabia que naquela noite não dormiria. O que se passava? Por que o seu coraçãozinho batia daquele jeito tão forte?

– Mãe Georfa, – gritou, então, como era costume – estou de volta!

Capítulo III

As Ferramentas e os Instrumentos não Atendem mais

Meu WhatsApp, tocando intermitentemente, interrompe meu tranquilo e pesado sono de uma madrugada intensa na balada! Com mau humor e dor de cabeça, arrastei o celular, digitei minha senha, e uma voz feminina gentilmente me cumprimentou:

– Bom dia, Irena, estou ligando para informá-la de que você foi selecionada para o programa de *trainee* na empresa. Como o início é amanhã, já estou lhe encaminhando, por e-mail, a documentação necessária e demais orientações.

Lembro bem da primeira semana na empresa: repleta de atividades de integração, treinamentos e explicações minuciosas das ferramentas de gestão de pessoa a serem aplicadas após um ano de trabalho, com o propósito de auxiliar-me na melhoria de performance e crescimento em minha carreira. Como um raio, os 365 dias se passaram, e ali estava respondendo a uma pesquisa complexa chamada de “Ambiência”, com mais de 130 questões, o que me deixou envolvido em mais de duas horas de reflexão.

Em apenas um toque, atendi ao ramal, com o número do meu gerente no visor, solicitando o meu comparecimento em sua sala para o encontro de avaliação de desempenho. Augusto, há 23 anos trabalhando na empresa, com seu terno surrado e a gravata vermelha manchada com dois pontos de gordura, sentado ligeiramente afastado da mesa devido à sua saliente barriga, convidou-me a entrar e sentar.

– Jovem Irena, vamos fazer sua avaliação de desempenho hoje. Bem! Como você sabe, a equipe do nosso setor é grande, e não consigo acompanhar o trabalho de todos. O pessoal do RH me deu como prazo ainda hoje para entregar todas as avaliações. Não consegui ir ao treinamento sobre o instrumento no mês retrasado e estou com algumas dúvidas. Mas vamos em frente!

Bem animada, preparei algumas sugestões de melhorias e solicitações de orientação que havia anotado durante o ano, atendendo à recomendação do senhor Augusto. Em dez minutos, ele se levantou, agradeceu-me, encaminhou-me até a porta e saiu apressado para uma reunião com a diretoria no andar de cima. Fiquei confusa e, ao mesmo tempo, pensativa sobre as valorosas informações que recebera na primeira semana de trabalho, quando falaram da importância dessa ferramenta a ser aplicada pelo líder do setor.

Ao chegar no setor, com um certo desconforto e decepcionada pela ausência de oportunidade de oferecer minhas sugestões e receber as orientações que desejara por vários meses, deparei-me com dois colegas, um de pé, falando alto, e o outro sentado, falando e gesticulando com agressividade; os demais, estáticos, em total silêncio, aguardando o resultado da calorosa e inadequada discussão.

Novamente meu pensamento se voltou à minha primeira semana, dessa vez relembrando o quanto fora ressaltado sobre o clima organizacional e a manutenção do bom ambiente entre a equipe. Ao mesmo tempo, dei-me conta de que as respostas da pesquisa preenchida na semana anterior estavam quase todas fora da realidade. Fiquei me perguntando: “Será que o setor de Recursos Humanos sabe de tudo isso que está acontecendo?”

Avaliação de Desempenho ou de Comportamento?

Quantos funcionários da sua organização desempenham suas tarefas e metas por engajamento, consciência, crença e confiança nos propósitos, na missão, na visão e nos valores que estão descritos no quadro-mural dos setores? Quantos desempenham suas atividades por necessidade de se manter empregados? Pesquisas mostram que mais de 70% dos funcionários cumprem suas tarefas por coerção ou medo, e não se sentem engajados e/ou comprometidos com o trabalho que fazem.

A conquista do excelente desempenho de um funcionário é consequência de engajamento, resiliência, paixão, criatividade, colaboração, inspiração, comprometimento, conscientização para fazer o que faz e da relação de confiança com seu líder e com a organização. Você, gestor de RH, deve estar fazendo alguns questionamentos só ao lembrar-se da última avaliação de desempenho aplicada na sua empresa:

– Quantos líderes, com ótimas justificativas, faltaram no treinamento de como aplicar e manusear a avaliação de desempenho no sistema, que custou um significativo percentual do orçamento da sua área, e não foi capacitado com as técnicas e as recomendações na hora do *face to face*? – Quantos gestores deixaram para promover o encontro com seus liderados na última semana do prazo determinado pela direção e o fizeram na correria? Você deve imaginar a qualidade com que foram executadas essas avaliações! Quantos responsáveis efetivamente acreditam na ferramenta e a aplicam corretamente, com feedback recheado de fatos e evidências anotados durante o ano, dialogando com seu liderado, por meio das técnicas recomendadas, e construindo um saudável Plano de Ação? Quantos liderados saíram satisfeitos, orientados e engajados com o desempenho desejado, fruto de uma avaliação bem executada e que, certamente, seria o diferencial dos bons resultados para o ano seguinte? Após enormes insistências para os gestores finalizarem as avaliações – e as contra-argumentações – sobre o tempo disponível e as dificuldades de operar o sistema, o que o RH fez, de concreto, com a tabulação dos resultados e os indicadores fornecidos pelo sistema?

As empresas estão se dando conta de que é necessário abandonar o sistema de avalição tradicional. Avaliar, após um ano de atividade do liderado, é algo extremamente defasado da realidade; o tempo consumido pelo gestor, para ser treinado e aplicar a avaliação a uma grande equipe, está em desacordo com as necessidades de entrega exigida; a subjetividade da avalição abala a confiança no instrumento, nas relações, e a desmotivação generalizada do modelo, pelos funcionários, é evidente. Companhias como a General Electric (GE), PwC, Accenture, IBM, Microsoft e Google, BRF, Sadia e Perdigão, Klabin, Extra e Pão de Açúcar já colocam em prática um modelo focado no comportamento, no feedback, no desenvolvimento e no *coaching* contínuos. Como disse Jack Welch: "O foco no valor para o acionista, que coloca o desempenho acima de tudo, é uma imbecilidade".

Se você está concordando com o que foi escrito, com certeza está fazendo a seguinte pergunta: "O que fazer, então"? Cada organização tem suas peculiaridades, sua cultura, seu *modus operandi*, e construir uma ferramenta de avaliação de desempenho contemplando esse perfil, logrará êxito a todas as partes interessadas. Alguns cuidados e recomendações para esse tipo de construção são importantes de serem estudados e implementados, como:

1. Definir claramente – e na prática – o que é um desempenho baixo, médio e superior, com indicado-

res e evidências mensuráveis e calibrados com as estratégias da empresa. Eliminar a subjetividade e ampliar a transparência e a justiça nas avaliações serão fatores críticos de sucesso.

2. Mesclar a avaliação com fatores comportamentais, técnicos e de entregas mensuráveis, levando em conta os picos e os vales de performance do mercado, do segmento atuante e da condição de "ser humano".
3. Agrupar, na avalição, as performances individual e coletiva, subdivididas em resultados da organização, da área e do setor.
4. Deixar de olhar para o desempenho passado e, em tempo real, continuamente, avaliar, dar feedback e atuar nos *gaps* de capacitação.
5. Definir, comunicar e capacitar os comportamentos e atitudes que a organização acredita serem relevantes para atingir o resultado desejado em seus projetos e planejamento estratégico.
6. Ajustar a política de recompensa: mais para os funcionários de desempenho superior e menos para os de baixa performance, eliminando a prática de destruição de ganho pela média.
7. Utilizar a tecnologia disponível para dar feedbacks instantâneos e, sempre que necessário, do líder para o liderado, entre pares e colegas, agilizando a adaptação do funcionário, alinhando seu comportamento e desenvolvimento de maneira orgânica no dia a dia.
8. Flexibilizar o instrumento, que deve ser o mais simples possível, com total liberdade para alterar os fatores de avalição e outras necessidades focadas no resultado do negócio e no sucesso do cliente.

9. Utilizar a soma dos feedbacks contínuos para o fechamento anual de performance e para os mecanismos de recompensa. A nova geração Y pede e precisa de mais e frequentes retornos.

10. Utilizar as informações das avaliações para cruzar dados, qualificar o perfil adequado nas contratações, adaptar o sistema para as novas e antigas gerações e mensurar o limite de performance das equipes para estabelecer objetivos estratégicos alcançáveis.

11. Implementar uma "via de duas mãos" na avaliação de desempenho. Os funcionários podem pedir ao seu superior feedback em tempo real, estendendo o seu pedido ao seu par, colegas e clientes. A Zalando, renomada varejista europeia, está implementando a ferramenta com esse adicional.

12. Clarificar, negociar e montar um programa de trabalho com o avaliado sobre o que será exigido dele e em que prazo, com indicadores mensuráveis e atingíveis. Isso facilitará a análise dos resultados e a correção de rota.

Sabemos que uma mudança radical na avaliação de desempenho exigirá, de todas as partes envolvidas, crédito, confiança, comprometimento, capacitação, disciplina, disciplina e disciplina para que bons resultados sejam alcançados. O foco deverá ser a transformação da gestão de desempenho, abandonando o modelo mecanicista, estatístico e burocrático para o modelo democrático, humanizado e participativo.

A palavra de ordem do passado, "desempenho", passa a ser substituída por "desenvolvimento" e "comportamento". A premissa do futuro está em acertar as competências a serem utilizadas nos novos projetos e nos objetivos traçados na estratégia do negócio. A criação de um espaço no qual as pessoas possam ser autênticas e dizer o que pensam qualificará o diálogo e a relação entre líder e liderado, possibilitando, consequentemente, uma melhor performance.

– Mas é preciso cuidado para, em busca de melhorias, não dar às avaliações apenas uma roupagem diferente para velhas dificuldades. O sucesso dessa mudança está centrado na competência do exercício de *coaching* do líder aos seus liderados, atuando como um verdadeiro e eficaz treinador.

Clima Organizacional com ou sem Resultado?

A gestão participativa está sendo incrementada por redes de trabalho, e o clima organizacional humanizado, reconhecedor e estimulante será fator crucialmente importante para o sucesso do negócio. A área de Gestão de Pessoas e todos os líderes da organização são protagonistas e guardiões da cultura, da ambiência e da dinâmica das relações interpessoais em coerência com os propósitos da empresa, construindo o engajamento de corpo, alma, coração e mente das equipes, direcionado à retenção dos talentos internos, à catalisação das inevitáveis transmutações da tecnologia e ao *mindset* (configuração da mente) do novo estágio na governança corporativa.

Não temos a pretensão de ensinar a técnica, o método e a aplicação da pesquisa de clima organizacional neste capítulo. Vamos discorrer sobre o que está sendo negligenciado pelas organizações na aplicação dessa vital ferramenta de gestão. É incontestável a evidência de que o ambiente de trabalho é influenciador da excelência das atividades das equipes e que impacta diretamente o resultado da empresa. Além disso, a ambiência influencia significativamente o marketing da marca, o que se comprova pela existência de pesquisas, realizadas por conceituadas revistas de abrangência nacional, sobre as melhores empresas para se trabalhar, divulgando-as num ranking.

Mario Quintana disse: “A resposta certa não importa nada: o essencial é que as perguntas estejam certas”. Caminhando nessa filosofia, trocaremos as respostas por perguntas para que você reflita sobre a sua pesquisa de clima organizacional:

- O CEO e os diretores da organização consideram a pesquisa de ambiência uma ferramenta estratégica para o negócio?
- Na construção da sua pesquisa, estão sendo consideradas as diferenças de perfil das equipes, bem como as diferentes necessidades dos funcionários e/ou dos grupos sociais internos?
- As respostas às perguntas mostram, com clareza, o grau de engajamento, de desejos e de motivação – intrínseca e extrinsecamente – no ambiente profissional?
- O nível de satisfação dos fatores econômico, social e emocional das pessoas está sendo avaliado coerentemente e com métricas eficazes?
- O resultado da pesquisa traduz a aderência aos comportamentos e atitudes desejados e comunicados pela organização?
- A maneira como o trabalhador percebe a empresa, sua cultura, sua filosofia, seus propósitos e objetivos são avaliados na pesquisa?
- Os resultados da pesquisa são apresentados e analisados com cuidado e comprometimento pela direção e por todos os líderes da empresa?

- Os planos de ação são cuidadosamente elaborados, implementados e mensurados, no decorrer do ano, pela área de gestão de pessoas e por todos os líderes da organização?
- A periodicidade na aplicação da pesquisa atende à velocidade dos acontecimentos e às necessidades de ajustes de rota na sua organização?

Os sofisticados e eficientes sistemas de pesquisa organizacional oferecidos pelo mercado tendem a ser repaginados em sua aplicabilidade, simplicidade e agilidade. A intensidade e o impacto dos acontecimentos internos e externos demandam drásticas mudanças de atuação na ambiência corporativa e no dia a dia de trabalho. Empresas atinadas a essa motilidade estão comercializando ferramentas de pesquisa instantânea, utilizando-se de celulares e/ou intranet, que são aplicadas a pequenos e/ou grandes grupos. Um exemplo no formato coletivo: a empresa formalizou a troca do fornecedor de alimentação, ou segurança, ou saúde, e deseja saber o nível de satisfação dos seus usuários após um mês de prestação do serviço. Simplesmente desenvolve, no aplicativo, as perguntas certas, as quais são encaminhadas para os celulares dos funcionários ou disponibilizadas na intranet de forma que, posteriormente, as respostas sejam coletadas e tabuladas para análise. Agora, um exemplo setorial: um líder deseja saber o grau de satisfação da sua equipe sobre a mudança do layout da fábrica, ou a troca da iluminação, ou as novas cadeiras ergonômicas adquiridas recentemente. Executa os mesmos procedimentos do exemplo coletivo, aplicando-os somente à sua equipe de trabalho.

Você bem sabe que a tecnologia está à nossa disposição para que renunciemos à improdutiva aplicação anual das pesquisas de clima organizacional, oferecendo informações ágeis, consistentes e úteis para as ações de ajustes e melhorias no ambiente corporativo. Percebe que sua empresa mede semanalmente as vendas, a produtividade, o estoque e outros itens – até mesmo diariamente – por que, então, não medir com mais frequência o engajamento dos funcionários? A verdadeira oportunidade continua nas mãos dos diretores, gestores e líderes, que podem elevar a pesquisa de ambiência ao nível de instrumento essencial na estruturação da estratégia da empresa, capitaneando os canais para ouvir, continuamente, as contribuições dos seus funcionários e a implementação dos planos de ação, acompanhando não só as melhorias e os resultados como também liderando, pelo exemplo, as mudanças de rota, quando necessário, tendo a área e os profissionais de recursos humanos como estrategistas, mentores e facilitadores do clima organizacional a todas as partes interessadas.

Estrutura de Cargos e Salários Retêm os Talentos?

Nos idos dos anos 70, uma grande empresa do ramo automobilístico, localizada no estado de São Paulo, trouxe para o Brasil um revolucionário sistema de análise, descrição e avaliação de cargos e salários que já fizera um grande sucesso nos Estados Unidos da América: o sistema de pontos. As grandes organizações começaram, então, a implantar esse sistema em suas empresas, a partir da contratação de numerosas equipes de analistas de cargos, os quais tinham a responsabilidade de descrever funções e tarefas e analisá-las em comitês internos de avaliação de cargos e salários. Com a ajuda de eficientes manuais de avaliação, criavam-se estruturas organizacionais que deveriam ser, mais pra frente, comparadas com o mercado de trabalho específico.

Esses trabalhos eram muito demorados. Geralmente divididos em cargos operacionais, administrativos e de supervisão e liderança, cada grupo de descrições não levava menos do que 12 a 14 meses para sua conclusão. Era de se esperar que, ao término das redações de cada grupo de cargos, houvesse a necessidade de uma revisão, já que no mencionado período muitas alterações aconteciam. Esse sistema foi líder de escolha até os anos 90, quando as organizações iniciaram uma tendência pela terceirização desses projetos.

Cargos e salários, tornou-se, então, uma matéria do cotidiano das empresas, que se utilizavam de várias fontes de pesquisa para checar a remuneração de seus empregados. Jornais de grande circulação e idoneidade publicavam pesquisas salariais com frequência; empresas especializadas forneciam dados salariais semestrais por pagamentos anuais acessíveis, e as próprias empresas participantes de mercados específicos trocavam informações sobre suas práticas de remuneração.

A pergunta é a seguinte: Um salário equiparado com o mercado garantiria a retenção de talentos? A resposta é não! Os profissionais de RH começaram a sentir que empregados talentosos não buscavam apenas e tão somente um bom cheque no final do mês, buscavam outros valores intrínsecos, como o respeito que as pessoas tinham com o seu trabalho, o ambiente organizacional favorável à inovação, à criatividade, à liberdade de pensamentos e de ideias; a possibilidade de crescimento profissional; a oportunidade de aprendizado; enfim, tantos outros valores que, por vezes, passavam despercebidos pelos gestores. Então, para que serve uma boa política de cargos e salários? Hoje, muitas organizações falam em remuneração por competência, embora a grande maioria delas não saiba exatamente como administrá-la. Ricardo Semler, um grande empreendedor, atualmente presidente do Conselho e sócio majoritário da Semco Partners, empresa familiar que assumiu em 1982, com pouco mais de 20 anos, mostrou que a organização nem sempre está refém de uma eficiente política salarial. Quando assumiu a empresa naquele ano, ela se encontrava à beira da falência, e, para surpresa geral, o jovem substituiu a forma autocrática de gestão por um sistema participativo, que oferecia mais poder aos empregados, virando o jogo do negócio com maior engajamento dos funcionários.

Portanto, hoje e nos dias que ainda estão por vir, devemos estar preparados para reter talentos, e retê-los é o segundo passo depois de captá-los. Bons atrativos na captação são remuneração justa, benefícios palatáveis e oportunidade de crescimento. Retenção é, acima de tudo, respeito e humanidade com os empregados da organização.

Atualmente, o mercado oferece várias opções de empresas especializadas em estudos salariais, as quais, com certeza, atenderão às expectativas das organizações de todos os tamanhos e segmentos, sendo, então, desnecessária a montagem de uma estrutura interna com essa finalidade.

Endomarketing como Ferramenta Estratégica

Entre as mais variadas denominações para funcionário, encontramos a de "cliente interno", que é todo aquele que faz parte do nosso dia a dia dentro do ambiente de trabalho, entregando produtos ou prestando serviços na própria organização, focado na melhoria da comunicação da empresa com suas equipes, na integração entre funcionários e setores e na transparência da gestão. No endomarketing, os mesmos conceitos, técnicas e ferramentas do marketing empresarial são aplicados. Isso exigiu da área de Gestão de Pessoas, mais uma vez, novas competências no momento em que a comunicação interna ficou sob o seu guarda-chuva, ganhando espaço e responsabilidade de fundamental importância, inclusive para a manutenção do bom ambiente de trabalho.

Já dizia o velho guerreiro (*Chacrinha*): "Quem não se comunica se trumbica", como também o dito popular: "A propaganda é a alma do negócio". São verdades inquestionáveis e imbatíveis. Além da comunicação empresarial, em um mercado de competição acirrada, no qual a empresa não poderia sobreviver sem "vender" publicamente sua imagem, seus produtos e suas marcas, nos anos 90, a comunicação interna evoluiu intensamente, repassando informações em nível corporativo para seus funcionários, utilizando-se, inicialmente, do quadro-mural, com folhas coloridas, imagens, textos atrativos, além de estruturas de quadros em acrílico, colocados em pontos de fluxos estratégicos na fábrica e no escritório. Os canais continuaram se aperfeiçoando com a introdução do manual do funcionário, jornais, boletins, revistas, rádio e TV interna, capitaneados pelos profissionais de RH.

As perguntas que fazemos a você são estas: A evolução e os aperfeiçoamentos das ferramentas de comunicação interna são suficientes para atender às necessidades atuais? A comunicação por murais, rádios e TV´s atingem a toda comunidade de funcionários? A rapidez da informação interna corresponde às exigências dos acontecimentos? A comunicação interna é uma via de mão dupla na sua empresa? Existe, verdadeiramente, a preocupação da empresa com a satisfação do seu cliente interno no quesito comunicação? O que é comunicado é realmente realizado? A cúpula da empresa contribui com o endomarketing e o considera uma ferramenta estratégica? O endomarketing é democrático e utilizado como instrumento de capacitação? O endomarketing agrega valor e gera resultados para a organização? Os líderes estão preparados para explicar e/ou detalhar os assuntos postados nos meios de comunicação interna?

O encadeamento da internet, do digital, do virtual e do online acelerou e potencializou as possibilidades de transmitir informações, e, consequentemente, as tomadas de ações e decisões. Mesmo com todos esses recursos, existe o "lado negro" dessa força chamada "confiança". A expansão do e-mail e do WhatsApp está intimamente conectada com o comportamento de confiança. Se você se enquadrar nos exemplos abaixo, é hora de rever seus conceitos!

Em nome da segurança – *traduzida como não confiança* – as pessoas encaminham e-mails com cópia para várias outras da equipe, líderes e setores, burocratizando o processo de comunicação e roubando, desnecessariamente, o tempo de muitos copiados. E pior, com a insegurança coletiva, o emissor arquiva o e-mail enviado em uma pasta especial como prova futura, e, consequentemente, o processo se repete com os demais copiados, gerando *terabyte* de espaço em arquivo e procedimentos desgastantes, que poderiam ser usados em produção e entregas dos profissionais.

As empresas estão incrementando novos aplicativos de comunicação para celular, tablet, intranet e outros recursos que estão a caminho, exigindo dos profissionais de gestão de pessoas novos conhecimentos e atualizações que poderão driblar a eterna dificuldade de informar os funcionários de forma unificada e simultânea. Estamos próximos de uma "ruptura" nos mecanismos de comunicação interna, mas ainda encontramos empresas cujos funcionários não conhecem os produtos, os serviços, os clientes, o mercado, nem a própria empresa. Muitas vezes, os funcionários tomam conhecimento de um novo produto ou serviço pela mídia externa. Achamos isso um absurdo!

É comum, ao iniciar um diagnóstico de consultoria, pedir que os líderes do cliente me contem a história de como a empresa começou, qual foi o primeiro produto e/ou serviço oferecido ao mercado, qual o significado do logotipo da empresa, qual a mensagem do slogan da organização, quais as características e benefícios dos produtos e serviços oferecidos... Infelizmente, boa parte dos "interrogados" fica me olhando com "cara de paisagem"! Existe um bom espaço para avançarmos no processo da comunicação interna por meio da utilização das ferramentas básicas de endomarketing e canais diretos, como integração do novo funcionário, programa Fale com o Presidente, reuniões com o diretor e o ouvidor interno, palestras internas, convenções com funcionários, programas para regatar a história, a filosofia e os objetivos estratégicos da empresa, entre outros assuntos.

O Dr. David J. Schwartz disse: "Não alcançamos o sucesso com um grande pulo! Chegamos ali passo a passo!" Recomenda-se ao gestor de RH diagnosticar os resultados da comunicação com os seus clientes internos e revisitar as práticas do seu endomarketing para que as respostas a todas as perguntas feitas acima sejam "SIM".

Levantamento das Necessidades de Treinamento: É Necessário?

As ferramentas e os instrumentos criados e aplicados na Era Industrial, que remontam ao taylorismo de mais de 100 anos, não atendem mais às atuais necessidades das organizações, gestores, RH e dos próprios funcionários. A velocidade estonteante das mudanças, a quantidade de informações oferecidas online, a tecnologia disponível, o modo de pensar e agir da geração Y, os novos comportamentos da geração Z, que está chegando ao mercado de trabalho, e as renovadas capacitações e expertises são os principais motivadores para uma ruptura da prática de Levantamento de Necessidades de Treinamento (LNT).

Tradicionalmente, o processo de identificação das lacunas de competências (conjuntos de conhecimentos, habilidades e atitudes) requeridas para o desempenho de uma função, há mais de 30 anos, prioriza a perspectiva no nível individual; deixando em segundo plano o grupal e o organizacional, fazendo com que a área de treinamento e desenvolvimento desfavoreça os resultados e as entregas coletivas na estruturação da trilha de capacitação. Não são poucas as organizações que realizam treinamentos que não se justificam, apenas para cumprir a tabela dos cursos programados e do orçamento aprovado pela direção, de modo a transformar o investimento da organização em benefício pessoal ao funcionário treinado. A informatização do sistema de avaliação de desempenho facilitou a coleta e a tabulação das necessidades de capacitação individual e coletiva, porém se manteve restrita à área de RH a responsabilidade por essa capacitação, ficando à margem, em várias empresas, a ativa participação dos líderes nessa responsabilidade, e, por vezes, convertendo erroneamente o treinamento em uma premiação para o funcionário, oferecendo-lhe viagens, dias fora do trabalho e integrações noturnas, negligenciando a convergência do investimento para os propósitos e objetivos estratégicos da empresa e do departamento. O investimento, nessas condições, torna-se "custo".

Você que está lendo este capítulo, espero que esteja pensando "*Na minha empresa, não é assim*!" Complementando, encontramos ainda mais duas provocações em relação a desperdícios de treinamentos. A primeira trata-se do prejuízo da multiplicação do conhecimento, ou seja, o funcionário participante de um treinamento retorna ao departamento e blinda o que aprendeu, porque a empresa e seu líder não o estimulam, ou até mesmo tornam a reprodução do conhecimento à equipe uma prática, por meio de um mini-workshop, fazendo com que o treinado revise o conteúdo, exercite a oratória e vença a inibição, proporcionando à equipe atualização das informações. A segunda também se enquadra no pós-treinamento, quando o líder, como responsável, tem a oportunidade de negociar com o funcionário um plano de ação para implementar o conhecimento adquirido no setor e na empresa, com metas claras, atingíveis e mensuráveis, focadas na lucratividade, na produtividade, na satisfação do cliente, na qualidade do produto / serviço, na redução dos desperdícios e retrabalhos, entre outros itens, fazendo o acompanhamento mensal da evolução e dos indicadores. Isso, sim, é ganho e valor agregado!

Novamente esbarramos na contemporaneidade da ligeireza dos acontecimentos. As necessidades de atualização e capacitação não conseguem esperar um ano pela avaliação de desempenho e/ou o LNT. O surgimento das inovações no planeta está configurado no tempo em "minutos", em um ritmo totalmente diferente do que o do século passado, exigindo novas capacitações e aprendizados no mesmo ritmo das configurações atuais. O levantamento das necessidades de treinamento não deve ser desativado; ele deve ser adaptado, flexibilizado e acelerado.

Ao término do planejamento estratégico da empresa e da definição dos objetivos para o ano, o RH estará abastecido das informações básicas para o mapeamento e a construção do treinamento das competências coletivas, e, no nível individual, a avaliação de desempenho suprirá as macronecessidades para a execução da função. Aplicando a sugestão de adaptação e flexibilização, recomendamos que o gestor receba e administre um orçamento adicional em treinamento, para capacitar sua equipe às implacáveis inovações e atender, rapidamente, às novas necessidades do mercado, do cliente e do produto / serviço.

A lendária frase de Charles Darwin "Não é o mais forte que sobrevive, nem o mais inteligente, mas o que melhor se adapta às mudanças" traduz o que a tecnologia, as novas gerações e a aceleração dos acontecimentos estão exigindo da área e dos profissionais de gestão de pessoas. Chegou a hora de “sair da zona de conforto”, senhores!

História das Formigas Recursos e as Formigas Talentos – 3ª Parte

Sauvita apressava-se pelos corredores, pois precisava sair do formigueiro antes que o sol raiasse. Não porque o encontro com Raissa fosse tão cedo, mas porque não havia dormido a noite toda com o estrondo das patas do Ardi-Li, a arranhar as paredes, e os gritos abafados das operárias, às quais a mãe, a monarca, ordenava que deixassem o ninho e fossem encontrar o tamanduá.

Sauvita encontrava-se quase à saída quando uma operária passou ao seu lado:

– Olá, querida – Sauvita lhe falou. – Você está sozinha?

– Sou a última...hoje – disse, para espanto de Sauvita, que lhe sorriu ao dizer:

– Sou Sauvita.

– Sei – disse a operária, sem alterar o passo – Sou Nobilis.

O que acontecia naquele formigueiro? Aquela seria a melhor maneira de manter a colônia a salvo? Que poder tinha Georfa para sacrificar aquelas que, afinal, eram suas filhas?! Quem seria aquela pobre formiguinha que, além do seu corpo, deixava os corredores do ninho levando às costas uma imensa folha enrolada?

– Ei, Nobilis! – gritou Sauvita, acenando a antena – Desde quando levamos folhas para fora da colônia? As folhas são para os fungos... Você disse “sei” quando falou o meu nome? Nós já nos encontramos antes? – levantou a voz, mas a formiguinha e a carga já haviam sumido.

Sauvita passou pelo portal, segurou-se à parede e rumou ao topo. No meio do caminho, olhou para baixo e, felizmente, não havia sinal nem do tamanduá nem da formiguinha que passara por ela no corredor com a carga, nem de ninguém mais. Naquele dia, após aquela noite, o trabalho começaria mais tarde, como sempre acontecia nas manhãs seguintes às visitas do tamanduá faminto.

Quando chegou ao topo, havia luz no Horizonte, mas ainda não havia sol. A brisa da manhã, que veio beijar-lhe as anteninhas, veio também trazer o perfume exalado pelas companheiras, nos últimos instantes antes do sacrifício. Era incontável o número das que nunca mais voltariam ao ninho.

Sauvita segurou a emoção. Segurou-se firme no chão do topo do seu formigueiro e esperou o sol brilhar pouco a pouco, subindo ao céu por detrás daquele outro imenso formigueiro que se avultava no Horizonte. Seria um lindo dia, como é um dia de verão.

"Nos encontramos pela manhã" foi o que Raissa havia dito, não foi? Então esperou. E esperou. Mas nada aconteceu.

Caminhou até uma borda e viu lá embaixo apenas os buracos, agora sem água. Caminhou até a outra: agora uma fila de operárias marchava apressada ao trabalho. Apertou as antenas contra a terra. De dentro do formigueiro saía o zumbido das larvas e da monarca, a dar ordens de todo o tipo.

Raissa havia dito mesmo alguma coisa? Uma noite sem dormir deixava Sauvita zonza.

Passeou daqui para ali, dali para aqui.

– Raissa – chamou – é você?

De um lugar escondido, vinha um ruído.

– Não sou Raissa – a vozinha pôs-se nítida – sou Nobilis. Lembra? Você passou por mim lá no corredor. Eu carregava...

–... uma folha enrolada – completou Sauvita, prendendo-se agora ao lado do formigueiro para saber se o ruído da voz saía de uma das ranhuras abertas pelo Ardi-Li na noite anterior.

– Não era uma folha enrolada.

– Dobrada – corrigiu-se Sauvita.

– Era enrolada – a vozinha continuou – mas não era folha, era um cartaz. E o pus lá em cima, você não viu? Estava atrás de você.

– Cartaz? Que cartaz? Onde está você?

Sauvita desceu até a ranhura, mas nada havia além de uma abertura para uma câmara que estava sendo consertada às pressas por operárias, as quais traziam pedaços de barro nas mandíbulas, maiores que as suas cabeças.

"Cartaz?"

Deu mais uns poucos passos e voltou ao topo.

Mas o que encontrou não foi apenas o cartaz verde-claro, enrolado como uma folha, mas também, perto dele, um pedaço de pétala seca, com uma mensagem escrita em símbolos muito pequenos, na língua do formigueiro:

A história dos formigueiros, até o presente, é a história das mães-monarcas e dos tamanduás ou outros bichos que elas apaziguam. Não há formiga livre, só há formiga que serve de recurso ao formigueiro. Ser uma formiga-recurso é ser uma formiga escrava, plebeia e serva, apenas uma, sem força, travando uma luta diária e ininterrupta, ora dissimulada, ora aberta. Cada vez que o formigueiro sofre uma reconfiguração, para o benefício da mãe-monarca, a derrocada é comum a todas no formiguei-

ro: operárias, guardiãs, formigas aladas e monarcas. O formigueiro moderno, emergente dos ataques de outros bichos e da exploração das mães-monarcas, não aboliu as classes e funções entre nós. Pelo contrário, apenas criou novas classes, novas condições de opressão, novas estruturas de trabalho no lugar das antigas. Mas precisa ser assim? Não! Não precisa ser mais assim. Não é mais assim no formigueiro que vislumbramos no Horizonte. Formigas de todos os formigueiros, chegou a hora de nos unirmos!

Sauvita leu a pétala e deixou-a voar ao chão. As patinhas dianteiras teimavam em coçar-lhe a cabeça. Que mensagem era aquela? Leu, mas não entendeu.

Voltou-se para desenrolar o cartaz.

–Pare!

Frente à Sauvita estava Nobilis, requebrando-se apenas nas patas traseiras.

Sauvita deu um passo atrás.

– Eu pensei ...

– Pensou mal. Eu não me apressava para servir de refeição ao tamanduá. Raissa pediu-me para deixar este cartaz e este bilhete para vocês aqui em cima.

– Vocês? O encontro era comigo?!

– Hoje o encontro será com muitas de nós. Mas o importante é não desfraldar este cartaz até a hora certa.

– Hora certa? O que estava acontecendo ali?

Sauvita esforçou-se para entender, mas o esforço foi interrompido por um zumbido, que se transformou em uma gritaria, cujas palavras soavam-lhe nitidamente:

– Abaixo a opressão! Abaixo com a formiga-recurso! Viva a formiga-talento! Abaixo a opressão! Abaixo...

Sauvita foi à borda e, por um instante, pareceu que ali não havia mais ar para respirar. Tinha certeza de que não sonhava.

A partir do Horizonte, estendendo-se desde o enorme formigueiro vizinho, enchendo valas e buracos que Ardi-Li fizera na noite de chuva, cercando troncos caídos, por tudo, por todo lado, o solo cobria-se do preto brilhante das formigas.

Sauvita virou-se para Nobilis, que abraçava o cartaz nas patas:

– O que está acontecendo? Que formigas são essas? Por que Raissa não está aqui?

– Raissa não está aqui porque está lá.

– Lá?!

– O mundo não pertencerá mais às mães-monarcas e a seus soldados, o mundo pertence a nós.

– A quem...?

Nobilis não respondeu. Em vez disso, deixou que a brisa, que já estava mais para vento, sacudisse o cartaz.

– Sauvita, depressa! Segura deste lado – ordenou – para que todas o vejam.

Sauvita segurou-o e permaneceu de olhos fixos na multidão. Não havia lido o cartaz, mas sentia, pela vibração da terra e do seu coraçãozinho, que algo importante estava escrito ali. O formigueiro estava por mudar. E mudar para sempre.

Capítulo IV

A 2ª Revolução do RH

Coutinho era funcionário da área de *help desk* de uma importante empresa química localizada em uma cidade próxima a uma grande metrópole. Com seus 51 anos, estava naquela organização há mais de 15 anos, e, com todo esse tempo na mesma empresa, executando o mesmo trabalho, ele o fazia de forma desembaraçada e tranquila, sem maiores percalços. Seu salário era suficiente para a manutenção de suas necessidades, e até atendia, por vezes, a algumas extravagâncias pessoais, como viagens de férias com a família, troca de carro a cada dois ou três anos, alguns jantares de fim de semana, eventos esses que lhe proporcionavam uma situação socialmente confortável. A empresa em que Coutinho trabalhava tinha aproximadamente 1.500 empregados, distribuídos pelas áreas administrativa, operacional, técnica e comercial, e, por prestar serviços a todos os clientes internos dessas áreas, era benquisto por eles. A empresa tinha uma área de gestão de Pessoas bem estruturada, como era a prática das empresas no segmento industrial daquela década, e, sendo assim, dava muita importância para os problemas sociais da sua equipe de empregados. Tudo transcorria bem até que, no início de 2008, uma crise internacional, a famosa crise da Grécia, começou a trazer sérios reflexos para a América do Sul e, particularmente, ao Brasil. A empresa onde Coutinho trabalhava, embora tivesse grande parte de sua produção voltada para o mercado de exportação, começou a sentir esses reflexos, e seu faturamento começou a apresentar importantes e negativos impactos mês a mês. A empresa, no início dessa crise, ainda tentou evitar decisões mais contundentes em relação aos seus empregados, colocando-os de férias, mas não teve como evitar uma redução em sua folha de pagamentos em 20% de seu total bruto. Para os empregados mais antigos, foi oferecido um plano de demissão voluntária (PDV), que os premiava com um salário a mais na rescisão por ano de trabalho na empresa. Coutinho, por falta de alternativas, foi incluído no PDV da empresa e recebeu uma indenização perto de R$ 100.000,00. "Há males que vem para o bem... finalmente, serei dono de meu próprio negócio; serei meu patrão", pensou ele. A partir desse momento, começou a pesquisar o que fazer com sua indenização, até que alguns dias após sua saída da empresa química, encontrou um velho amigo de seu tempo de escola, que também estava com uma reserva financeira, procurando um bom negócio para investir.

– Cara, disse Coutinho, a vida é cheia de surpresas!

– E como! – respondeu Giovanni, seu amigo. Seremos sócios em uma lanchonete. Giovanni tinha pesquisado, entre outras oportunidades, a compra da lanchonete de um vizinho e só não havia concretizado seu projeto em razão de não ter os recursos suficientes para comprar o empreendimento sozinho.

E assim fizeram. Uma lanchonete, em um interessante bairro comercial daquela metrópole, com boas perspecti vas de crescimento e sucesso. Reformaram o local, selecionaram novos empregados e começaram, após 4 meses, o atendimento ao público. Nos primeiros 60 dias, as coisas iam razoavelmente bem – evidentemente, com os problemas de um empreendimento novo. Foi então que problemas ligados à gestão de pessoas, os quais Coutinho e Giovanni pouco conheciam, começaram a "pipocar": ausência de empregados no trabalho; problemas sociais desses funcionários, como falta de dinheiro, conflitos familiares, inaptidão a determinadas tarefas, ou falta de treinamento; acidentes de trabalho; brigas internas entre eles; afastamentos, enfim, uma série de situações que necessitavam de uma intervenção de RH. Porém, como é o RH de uma lanchonete? Existe? Não! Cada vez mais, os problemas sociais e de pessoal aumentavam, e as soluções caseiras e muito amadoras não traziam resultados satisfatórios. Em razão desse quadro, com problemas até de ordem judicial-trabalhista, a situação foi se agravando a cada dia, como "bola de neve", até os sócios tomarem a decisão mais sintomática do fracasso do empreendimento, que foi a descontinuidade do negócio antes que este fosse à insolvência. E o sonho dos dois amigos terminou com perda de patrimônio e dívidas que se estenderam por um longo tempo, e o mais grave: o rompimento de uma amizade que já se estendia há anos.

Diante dos fatos acima narrados, cabe a você, leitor, concluir se a falta de uma visão de gestão de pessoas colaborou ou não para o fracassado desfecho daquilo que poderia ter sido um negócio de sucesso. E é por exemplos semelhantes a este que, frequentemente, muitos novos empreendimentos acabam "fazendo água" antes de completarem o primeiro ano de vida!

O Modelo de RH Industrial é Adequado para Outros Segmentos?

Este é um tema que merece toda nossa reflexão. Como já mencionamos no capítulo I, houve e continua havendo, numa velocidade claramente observável, uma importante redução da participação da mão de obra no segmento industrial de mercado. Isso não quer dizer que essa redução tenha gerado simplesmente uma diminuição da mão de obra; o que houve foi uma migração dela para outros segmentos de mercado, como o de serviços, entre outros.

Outro dado a ser analisado é a tendência, cada vez maior, das organizações concentrarem suas energias no *core business*, ou seja, no núcleo de seu negócio. Com essa visão, todas as atividades não ligadas à criação e à comercialização do produto e/ou serviço têm que ser profundamente analisadas para que sua importância face a um mundo cada vez mais competitivo possa ser avaliada. Cabe aqui lembrar as mudanças que temos mencionado no desenvolvimento deste livro, como a citada administração vertical do início dos anos 70 para este quadro que ora demonstramos. Isso tem feito com que as empresas promovam enxugamentos em seus quadros de funcionários, para diminuir despesas, a fim de que se tornem cada vez mais competitivas.

No entanto, a necessidade de motivar pessoas, comprometê-las, fazê-las sentir-se parte integrante do "time" continua valendo. E como fazer com segmentos de mercado como serviços, construção civil, 3º setor, comércio, ONGs, entre outros, que contam com organizações com poucos empregados, mas precisam igualmente deles envolvidos com os objetivos e metas organizacionais? Como motivar, envolver, comprometer, conscientizar suas equipes se nessas organizações não há espaço nem estrutura que comportem as antigas áreas organizacionais?

Além da constatação de todo esse cenário, não podemos deixar de considerar a chegada da "geração Y", ou "geração da internet", composta por trabalhadores nascidos a partir de 1980, que vem com expectativas, necessidades e questionamentos que colocam em xeque todos os ensinamentos até então indiscutíveis e inquestionáveis nas práticas administrativas, e da "*geração Z*", sucedendo a "*geração Y*" com os nascidos a partir de 1990. Essas gerações desenvolveram-se em uma época de grandes avanços tecnológicos, prosperidade econômica, facilidade material e, efetivamente, em um ambiente altamente urbanizado, imediatamente após a instauração do domínio da virtualidade como sistema de interação social e midiática, e, em parte, das relações de trabalho.

Mais do que nunca, é chegada a hora de realizar uma nova revolução nas práticas administrativas, especialmente na área de gestão de pessoas: **a 2ª revolução do RH!**

Como Fazer a 2ª Revolução de RH?

Como já vimos no transcorrer deste capítulo, nem sempre os demais segmentos, além do industrial, usufruem das possibilidades de ter ou manter estruturas próprias de RH em suas organizações. Todavia, a necessidade de desenvolver uma boa gestão de pessoas existe para todos eles.

Então, o que fazer para motivar empregados, torná-los comprometidos com os objetivos organizacionais, estimulá-los a desenvolver suas atividades com qualidade e, dessa forma, buscar um clima organizacional favorável se não há espaço para a manutenção de uma área de RH própria em uma empresa de pequeno porte (EPP)? Terceirização. Sim, esse é um caminho para a obtenção de resultados que efetivamente contribuam para o alcance dos objetivos da organização. O fato é que a diminuição de alguns segmentos de mercado e o aumento de outros já é uma realidade. E é a esse movimento que estamos chamando de 2ª revolução. Por que revolução? Exatamente porque chegou o momento de observarmos uma diluição da mão de obra, antes concentrada em poucos setores e, atualmente, distribuída em inúmeros novos segmentos, ou porque vemos o trabalhador cada dia mais politizado, questionando tudo aquilo que antes só era privilégio das grandes estruturas? Ou, ainda, porque vemos trabalhadores de segmentos que diferem do industrial não tendo problemas, ansiedade, estresse, insegurança? Se a resposta é sim, vamos buscar caminhos, já com muito atraso, para administrar essa mão de obra! E se a estrutura é insuficiente para a manutenção de equipes próprias, buscar caminhos para realizar essa tarefa. Se concluímos, a algumas páginas atrás, que o equilíbrio capital x trabalho é uma missão das mais desafiantes, o que diremos sobre a realização desse objetivo em uma pequena empresa?

Como já sabemos e mencionamos, existem atividades que necessitam de um desenvolvimento com certa independência, e a auditoria é uma delas. Por que não o RH também? Existem consultores de gestão de pessoas extremamente competentes e aptos a auxiliar organizações que não comportam uma estrutura de RH em seu quadro efetivo, mas que podem, com toda certeza, desenvolver trabalhos de gestão de pessoas e desenvolvimento organizacional dentro do mais alto grau de profissionalismo exigido na área. O que é preciso, por parte dos principais executivos dessas organizações, é a sua predisposição em permitir que esses profissionais possam realmente promover as mudanças necessárias ao negócio.

Além do consultor organizacional, atualmente existem novos profissionais que também podem desempenhar um importante papel no auxílio a organizações em busca da excelência administrativa. O *counseling,* técnico que tem a função de orientar, aconselhar, esclarecer dúvidas e suprir necessidades especiais de profissionais em desenvolvimento de carreira; o *mentoring*, um mentor que normalmente adota uma postura de padrinho e que tem a incumbência de compartilhar suas experiências e vivências acumuladas em vários anos de trabalho corporativo, e o *coaching*, um *personal trainer* que atua no desenvolvimento das habilidades comportamentais, voltado para o fortalecimento das competências de profissionais que apresentam potencial.

Outro tema importante a ser mencionado é o enfoque dado pela área de marketing ao cliente. Essa área tem a visão do *one to one*, ou seja, atender cliente a cliente, dependendo do caso. Por que não iniciar o conceito *one to one* para o RH? Existe algo mais importante em uma organização do que as pessoas? Pelo menos é o que temos ouvido em nossas andanças pelo mundo corporativo:

"Nosso maior patrimônio são as pessoas de nossa organização"!

Será que esse discurso também vale na prática?

RH Deve Fazer Parte do Planejamento Estratégico?

O que é planejamento estratégico? Planejamento estratégico é um conceito comum, no âmbito da administração, que significa o ato de pensar e fazer planos de uma maneira estratégica. É uma área do planejamento empresarial que facilita a gestão de uma empresa. Então, se planejamento estratégico facilita a gestão organizacional, é de se esperar a participação do RH nas decisões estratégicas da empresa, seja ele efetivo ou terceirizado.

Conhecer o negócio da empresa, sua missão, sua visão e seus valores são necessidades de todos os colaboradores. Para desempenhar bem a sua função, "comprometer-se" e sentir-se pertencente ao negócio, todos os funcionários devem conhecer os objetivos de sua empresa para poder integrar-se ao meio e estar em consonância com as metas da organização. O planejamento estratégico deve ser comunicado desde o nível estratégico até o operacional. A comunicação dentro da empresa deve ser clara e objetiva, transmitida pelos seus líderes e acompanhada de perto pelo setor de RH. Os profissionais de recursos humanos devem posicionar-se na organização, atuando de forma estratégica. Quando se conhece a estratégia do negócio, é possível acompanhar e monitorar a comunicação dentro da empresa, tomando decisões e realizando ações em todos os subsistemas, alinhados à estratégia empresarial.

É fundamental que o setor de recursos humanos tenha acesso às informações estratégicas da empresa e possa participar ativamente desse processo de planejamento. Agir de forma estratégica é ter abertura para participar das reuniões de diretoria, não apenas como um ouvinte, mas como alguém que vai entender e poder colaborar para o desenvolvimento e alcance dos objetivos organizacionais.

Ser estratégico é posicionar-se de maneira coerente e participativa, podendo integrar as áreas e proporcionar o melhor para os funcionários da organização, buscando otimizar resultados por meio das pessoas.

Além disso, toda organização precisa de um modelo estratégico que impulsione o desenvolvimento, a competitividade, e garanta a prosperidade da organização de forma sustentável e contínua.

História das Formigas Recursos e as Formigas Talentos – 4ª Parte

– Eu não sei me defender – gritou Sauvita – Eu não sei...

– Levante este cartaz, companheira! Bem alto! – ordenou Nobilis.

Sauvita segurava o cartaz com as mandíbulas e as patinhas dianteiras. Era maior do que parecera ao desembrulhá-lo, era, sobretudo, muito pesado. Tão grande e tão pesado que, se virasse os olhinhos para ler o que dizia, o cartaz perigava voar com o vento.

Nobilis, entretanto, tinha uma única patinha dianteira, que parecia enroscada no cartaz; a outra, enfiada na cintura, dava-lhe aquele ar de pronta para atacar. Era uma formiga bonita, elegante, musculosa. Seu rosto não se assemelhava ao das outras operárias, nem ao de Sauvita. Nobilis franzia o cenho, mudava a expressão do rosto, como só faziam as monarcas, consequência dos anos de alimentação ideal, de comandos para garantir o seu império.

– Eu... – Sauvita tentou puxar assunto.

Nobilis abriu e fechou as mandíbulas, mas não disse nada. Esperava em silêncio por alguma coisa terrível que aconteceria? Alguma coisa boa? Diferente?

Sauvita voltou a focar o olhar no Horizonte, arrastando-o depois à beira do formigueiro. Inspirava o cheiro adocicado do ar, e ficava cada vez mais claro para ela que, na multidão, fervilhavam formigas de várias colônias, e não apenas da sua; de outras, que não as da colônia gigantesca do Horizonte. Não havia nenhuma dúvida sobre aquilo: nunca pensou que seria possível reunir tantas formigas juntas.

Segurando firme o cartaz, fixou agora o olhar nas formigas que estavam a poucos passos do caminho que levava à entrada do formigueiro. Os gritos de ordem mudaram de "Abaixo com a formiga-recurso! Viva a formiga-talento!" para "A quem tudo produz, tudo pertence!"

– Alto! – veio um grito que pareceu soar mais alto que o de toda a multidão.

E nem mais um zumbido se ouvia. O que se passava?

Nobilis pôs-se sobre as patas traseiras apenas, levantando todo o corpo. Para que o cartaz não ficasse caindo para o lado, Sauvita respirou fundo, juntou as forças que lhe restavam de uma noite sem dormir e fez o mesmo. O cartaz endireitou-se.

O vento parou (ou pareceu parar?).

E, de repente, um grito tal como um gemido varreu o ar:

– A quem tudo produz, tudo pertence!

A resposta da multidão não tardou.

– Formiga com talento é formiga com poder!

O grito repetiu-se.

– A quem tudo produz, tudo pertence!

O som da resposta avultava-se:

– Formiga com talento é formiga com poder! Formiga com talento é formiga com poder! Formiga com talento...

Sauvita abaixou, afrouxou o cartaz. Nobilis fez o mesmo.

– Já entraram no formigueiro – disse – Neste momento, a mãe-monarca não existe mais. Vamos descer e buscar uns gravetos para segurar este cartaz no lugar.

Sauvita ergueu-se cuidadosamente, ficando de pé sobre todas as patas. Queria, se pudesse, proteger-se do odor das incontáveis companheiras que cobriam o solo e a vegetação até onde a vista alcançava. A mãe-monarca não existia mais? Não haveria mais ordens? Não haveria mais sacrifícios em favor do intruso tamanduá?

Rastreou com a mandíbula o seu progresso em direção à entrada do formigueiro. Os sons ao seu redor, agora, já não passavam de ruídos sutis. O vento vinha de outra direção, já não era a brisa da manhã, caso contrário, o cheiro que indicava a mistura de formigas de vários formigueiros não ficaria tão perceptível.

Desceu um pouco mais, acompanhando os passos de Nobilis. E agora, nem ruídos sutis ouvia. Ficara tudo quieto por um tempo. Sauvita baixou a cabeça e levantou-a de novo, como que esperando ver se tudo aquilo tinha sido um sonho. Quem sabe era o presságio de uma doença que assolava as formigas do mundo, tornando-as guerreiras doentes!

Sauvita deu mais um passo e estacou, evidenciando em si mesma um tremor, um medo indecoroso do escuro brilhante das formigas aglomeradas.

– O que está acontecendo, Nobilis? O que aconteceu? – insistiu Sauvita.

Nobilis deu só mais um passo e também parou, aproximando-se de Sauvita e roçando nas mandíbulas dela a sua.

– A quem tudo produz – disse baixinho – tudo pertence. Ou haverá um mundo melhor se assim não for?

Sauvita ia dizer que ainda estava sem entender muito bem tudo aquilo, mas, a poucos passos de si, Raissa vinha subindo, firme e altiva.

– Desçam – disse Raissa, dando meia volta em direção ao solo. E complementou: –Todas as operárias, guardiãs e soldados que estão conosco deixarão o formigueiro para nos ouvir. As Georfas do mundo não existem mais. Formiga alguma jamais será recurso outra vez.

– Raissa, você...

Sauvita queria saber por que Raissa a havia convidado para estar no topo do formigueiro naquelas manhãs. Por que ela? Por que Sauvita?

Raissa, porém, já havia desaparecido.

Sauvita e Nobilis, então, seguiram a ordem de descer e juntar-se à multidão. E haviam descido já mais que meio caminho, pelos cálculos de Sauvita, quando, sem aviso, sem ruído algum, Ardi-Li, que desta vez não vinha sozinho, mas acompanhado, agigantou-se diante delas, tapando o céu.

E ele vinha, de fato, bem acompanhado...

Capítulo V

Como Será o RH de Amanhã?

Encerrando o discurso, Batista, com a voz embargada e enxugando o canto de um dos olhos, estica seus braços em direção à primeira mesa a sua frente, antes do derradeiro desmoronamento em lágrimas, e, quase não conseguindo, termina seus agradecimentos:

– Minha querida filha Regina, em breve esta empresa será sua. Faça por merecer!

O auditório em pé, aplaudindo; sua esposa e filha, escondendo suas emoções. Batista recebe o prêmio de *Profissional do Ano* das mãos do governador do estado de São Paulo, em inesquecíveis cerimônia e jantar de gala. Todos bem-vestidos, comemorando com canapés de camarão, vinho e espumantes importados, uma mesa de sobremesas irresistíveis, copos em punho. A família Batista brinda, orgulhosamente, a merecida conquista.

– Pai, o senhor quer mesmo que eu vá trabalhar na empresa? Que serviço eu farei? Em que setor vou atuar? Será que conseguirei ajudar tanto a empresa como o senhor?

Batista jamais havia visto tanto brilho no olhar da filha, nem aquela agitação ao lhe fazer as perguntas. Ele novamente engole a emoção, assume a razão e, com calma, comenta que a formatura de Regina no curso de Psicologia será dali a um mês, coincidindo com o final de ano, e que seria mais conveniente programar seu início, na área de RH, no retorno das férias coletivas, em janeiro.

Passados oito meses de estágio nos setores de recursos humanos, com inúmeras visitas e conversas com os líderes dos setores industrial e administrativo, Regina, com um certo desconforto, prepara-se para apresentar ao pai, às 14h do dia seguinte, seu diagnóstico, conforme haviam combinado antes dela iniciar a trajetória na empresa.

– Bom dia, Regina.

– Bom dia, pai.

– Regina, recebi uma orientação do nosso consultor para não nos tratarmos aqui na empresa como pai e filha. Pode me chamar apenas de Batista. Vamos ver se nos acostumamos com isso – aconselhou o pai de forma encabulada e tropeçando nas palavras.

– Sim, pai, ups... quer dizer, Batista. Risos encheram a sala de reuniões.

A apresentação foi em PowerPoint, bem estruturada e com alguns gráficos coloridos, de fácil compreensão. Regina estava ansiosa e medindo as palavras para parecer uma apresentação profissional. Não conseguindo se segurar, abandonou o PowerPoint e, em um minuto, desabafou sua indignação:

– P..., quer dizer, Batista, sei que não tenho experiência e estou pouco tempo na empresa, mas o suficiente para enxergar a enorme diferença de gerações entre os líderes. Temos um gerente industrial que não sabe e não quer ligar o computador, dizendo que isso não é para ele, controlando tudo com papeizinhos escritos à mão. O gerente de vendas resiste em implantar o CRM que a empresa adquiriu, e, com isso, não temos informações detalhadas dos nossos clientes. Nosso estoque é controlado com as mesmas fichas de cartolina que o senhor pediu, na primeira vez, para organizar o material. O pessoal do RH está há dois anos tentando implantar a avaliação de desempenho e a pesquisa de clima organizacional informatizada, e só falta implorar de joelhos para os líderes participarem dos treinamentos desses sistemas. Estamos com uma rotatividade alta, e os dois principais motivos declarados pelos que saíram são a incompatibilidade com o estilo de liderança e o excesso de controles manuais.

– Nossa, minha filha... Regina, não sabia que a situação estava assim!

– Pode ser que esteja pior! Isso foi o que consegui enxergar nesse pouco tempo de trabalho. Se a empresa, o RH e os líderes não se atualizarem, seremos engolidos pelos concorrentes em um espaço de tempo muito curto. O que faremos, papai?

A palavra “mudança” pode ser a resposta e a consequência da pergunta feita por Regina, pois, colocando apenas duas letrinhas no meio dessa palavra, dá para entender o que será do Recursos Humanos de amanhã: “muda **ou** dança”. O risco da área de gestão de pessoas perder espaço e “dançar” dentro da estrutura e como fator estratégico nas organizações é considerável, basta permanecer na mesmice, deixar de acompanhar as mutações e as adaptações exigidas pelo mercado e pelas novas gerações. Mesmo com várias citações em capítulo anteriores, vamos abordar, de forma sucinta, as condições mais relevantes para o RH tornar-se um verdadeiro agregador de valor à empresa.

É falácia a corriqueira frase “O mundo está mudando”. Definitivamente, ele já mudou! No mundo corporativo, a forma de conduzir e tratar os funcionários deve ser o ponto-chave da atenção dos gestores de RH. A nova era da gestão de pessoas começou quando a geração Y passou a ser maioria nos postos de trabalho. O ruptivo Ricardo Semler, da Semco, afirma que estamos caminhando para empresas *people-centric*, centradas nas pessoas com poder, flexibilidade, liberdade nas mãos e donas do seu próprio destino. Poucas organizações estão preparadas para isso, e ainda se preocupam demais com o sigilo, escondendo informações dos próprios funcionários, com excesso de regras, normas e procedimentos.

Com a alta taxa de rotatividade, a pergunta é a seguinte: Quantos funcionários você consegue garantir que continuarão na sua empresa no próximo ano? Como atrair os talentos? Como conquistar o seu engajamento? Como conectar as causas dos funcionários com as causas da empresa? Qual estilo de gestão, benefícios e capacitação resultará na manutenção dos talentos da sua organização? Afinal, o que o RH terá que mudar? Faça sua reflexão sobre o conteúdo a seguir e estruture seu Plano de Ação para colocá-lo em prática amanhã, antes que seja tarde demais!

Governo e Empresa Podem Fazer Diferença?

O crescimento do trabalho cognitivo e as novas exigências requeridas à área de gestão de pessoas, como incentivos na forma de bônus, prêmios variáveis e lotes de ações, novas formas de contratação, horário móvel, teletrabalho, entre outras iniciativas, esbarram na velha, ultrapassada e arcaica legislação trabalhista com mais de 74 anos de existência. A reforma trabalhista exigirá esforços na extinção da essência paternalista da era Vargas, na sensibilidade das diferenças de mercado, nas mudanças das gerações de trabalhadores e nas necessárias adaptações da lei para atender às exigências atuais e futuras das empresas e dos trabalhadores. Esses cuidados poderão recolocar o Brasil e nossas organizações no jogo da competitividade global. As convenções e os acordos entre patrões e empregados poderão adquirir o papel de revisores e adaptadores permanentes das necessidades desses interessados, prevenindo e evitando descompassos no mundo do trabalho.

Unicidade Sindical ou Pluralidade Sindical?

O nosso modelo sindical, praticado desde os idos tempos do governo do presidente Getúlio Vargas, é o da unicidade sindical, segundo o qual as empresas são vinculadas a um único sindicato, representante da categoria majoritária existente em cada organização. Em outras palavras, uma empresa de fiação e tecelagem, embora tenha em seu quadro de cargos engenheiros, advogados, desenhistas, médicos e tantas outras profissões diferenciadas, está vinculada ao Sindicato dos Trabalhadores das Indústrias de Fiação e Tecelagem e, portanto, segue todos os acordos coletivos firmados por essa categoria, seja ela uma empresa de pequeno, médio ou de grande porte.

Essa estrutura, obviamente, fortalece sobremaneira as entidades sindicais, pois, além do número de empregados ligados normativamente a essas entidades, existem as famosas contribuições assistenciais, confederativas e outros recolhimentos que são descontados unilateralmente dos trabalhadores e das empresas em seu favor. Ocorre que em muitos países, inclusive do primeiro mundo, a estrutura sindical já alterou essa característica. O modelo sindical, nesses países, é o da pluralidade sindical, ou seja, uma empresa pode ter vários sindicatos que representem as diversas atividades nela desenvolvidas. Essa é uma luta antiga que vem sendo travada entre o patronato e os sindicatos dos trabalhadores, pois não é difícil concluir que a pluralidade sindical pode trazer mais equilíbrio nos acordos coletivos entre patrões e empregados e, mais do que isso, reduzir significativamente as receitas dos "supersindicatos".

Quantas vezes temos testemunhado empresas em greve, com seus funcionários metalúrgicos proibidos de entrar para o trabalho em razão dos famosos "piquetes" montados em frente aos portões de acesso, e funcionários do restaurante, da limpeza, do comercial, entre outros, de atividades totalmente diferentes, sendo igualmente impossibilitados de trabalhar pelos sindicalistas? Até quando vamos continuar conformados com tais situações? Quando será que o RH terá representantes importantes junto ao legislativo, buscando alternativas que possam melhorar leis trabalhistas tão ultrapassadas como as nossas? O que os congressos de RH e Gestão de Pessoas têm feito nesse sentido? Não é o momento de propormos rupturas?

RH Protagonista – Quando Esse Dia Chegará?

No decorrer deste livro, colocamos o quanto é importante o RH estar presente na estruturação e decisão do planejamento estratégico das organizações, e dos seus gestores estarem inclusos nas táticas e nos fatores críticos de sucesso da organização. Essa fala é conhecida, e a escutamos há mais de 20 anos em congressos, fóruns e conversas de bastidores dos CEO´s. Minoritariamente, as organizações de grande porte e algumas multinacionais acreditam na importância estratégica da área e dos profissionais da gestão de pessoas. O RH continua carecendo de autonomia de atuação, de orçamento condizente, de investimento em tecnologia, de participação em projetos significativos e, principalmente, de patrocínio da alta direção. Esse é o lado empresarial da história.

Parte dos gestores de RH – muitos ainda deitados em "berço esplêndido" – não consegue contribuir com a estruturação estratégica por desconhecer alguns instrumentos essenciais de gestão, como análise de balanço, análises de mercado e de cliente, análise econômico-financeira, análise de produção e de produtividade, análise de inovação e qualidade, entre outros instrumentos. O gestor de RH deverá se reciclar e adquirir o CHA (Conhecimento, Habilidade e Atitude) para administrar desde o papel higiênico colocado nos banheiros dos funcionários da produção até a tomada de decisão sobre investimentos estratégicos para o ano seguinte.

O RH será protagonista quando o CEO e suas lideranças acreditarem, verdadeiramente, que são as *"pessoas"* que fazem as coisas acontecerem na organização. Como você e sua empresa estão nesse quadro?

Gestão de Pessoas Tecnicamente Correta

Destacamos, com veemência, a velocidade das mudanças, colocando a tecnologia da informação (TI) como salvadora do novo mundo profissional. Nosso vocabulário está impregnado com siglas e palavras como WEB, APP, B2B, B2C, FAG, BI, CRM, Curtir, Compartilhar, Comentar, Marcar – incluindo as imagens 👍 👏 😂 😄 – como inovação da comunicação e disseminação do conhecimento corporativo.

É indispensável sopesar a pessoa como principal protagonista no processo de inovação tecnológica, já que, quando capacitada e qualificada adequadamente, integra-se às tecnologias colaborativas na busca constante dos resultados correspondentes aos intentos e objetivos estratégicos da organização. Chegamos ao ponto em que as pessoas não sobrevivem sem a tecnologia, e a tecnologia não sobrevive sem as pessoas e as empresas. A web, a internet, o online, o digital e o virtual mudaram o *modus operandi*"(modo de operação) e também o *modus vivendi* (modo de viver), trazendo novos cenários, dinâmicas e paradigmas de cultura, de educação, de globalização, de padrões comportamentais e modelos mentais impostos pela tecnologia.

O RH deverá criar velozes canais interconectados de comunicação, de informação e de aprendizagem; um ambiente de trabalho em rede inovador, colaborativo e cocriativo. Deverá capacitar seus funcionários a movimentarem-se em um espaço globalizado e virtual, com uma remodelada noção de temporalidade e simultaneidade, utilizando-se de tecnologia de ponta e do conceito de portais corporativos, proporcionando vantagem competitiva à sua empresa. Esse é um trabalho em plena expansão!

A tecnologia contribui, também, com o “lado negro” dos negócios. A Kodak tinha 170 mil funcionários e vendia 85% do papel fotográfico utilizado no mundo. Em apenas três anos, o seu modelo de negócio foi extinto, e a empresa desapareceu. Nos próximos anos, a maioria das mudanças serão causadas pelo surgimento de novas tecnologias. A Singularity University Germany Summit descreve que os acontecimentos atuais sinalizam o que teremos pela frente. Vejam: o UBER é apenas uma ferramenta de software e não possui um carro sequer, no entanto, constitui hoje a maior empresa de táxis do mundo; a Airbnb é o maior grupo hoteleiro do planeta, sem deter a propriedade de uma única unidade de hospedagem; nos EUA, jovens advogados não conseguem emprego: a plataforma tecnológica IBM Watson oferece aconselhamento jurídico básico em poucos segundos, com precisão maior que a obtida por profissionais da área; a Watson orienta diagnósticos de câncer, com eficiência maior que a de enfermeiros humanos; em 10 anos, a impressora 3D reduzirá o preço de US$ 18.000 para US$ 400 e se tornará 100 vezes mais rápida – até 2027, 10% de tudo o que for produzido será impresso em 3D; nos próximos 20 anos, 70% dos empregos atuais vão desaparecer; em 2018, os primeiros carros autônomos estarão no mercado; por volta de 2020, a indústria automobilística começará a ser desmobilizada, porque as pessoas não necessitarão mais de carros próprios – um aplicativo fará um veículo sem motorista buscá-las onde estiverem para levá-las ao seu destino; as cidades serão muito diferentes, com 90% menos carros, e os estacionamentos serão transformados em parques. O mercado imobiliário também será afetado, pois, se as pessoas puderem trabalhar enquanto se deslocam, será possível viver em bairros mais distantes, melhores e mais baratos; o número de acidentes será reduzido de 1/100 mil km para 1/10 milhões de km, salvando um milhão de vidas por ano em todo o mundo. Com o prêmio 100 vezes menor, o negócio de seguro de carro será varrido do mercado; os fabricantes que insistirem na produção convencional de automóveis irão à falência, enquanto as empresas de tecnologia (Tesla, Apple, Google) estarão construindo computadores sobre rodas. Os carros elétricos vão dominar o mercado na próxima década; a eletricidade vai se tornar incrivelmente barata e limpa; o preço da energia solar vai cair tanto que as empresas de carvão começarão a abandonar o mercado ao longo dos próximos 10 anos. No ano passado, o mundo já instalou mais energia solar do que à base de combustíveis fósseis – com energia elétrica a baixo custo. A dessalinização tornará possível a obtenção de água abundante e barata. No contexto deste futuro visionário, os veículos serão movidos por eletricidade, e a energia elétrica será produzida a partir de fontes não fósseis. A demanda por petróleo e gás natural cairá dramaticamente e será direcionada para fertilizantes, fármacos e produtos petroquímicos. Os países do Golfo serão os únicos fornecedores de petróleo no mercado mundial. Neste cenário ameaçador, as empresas desse segmento que não se verticalizarem simplesmente desaparecerão. No Brasil, o modelo de negócio desenhado para a Petrobras caminha no sentido oposto. Abrindo mão das atividades que agregam valor ao petróleo e abandonando a produção de energia verde, a Petrobras que restar não terá a mínima chance de sobrevivência futura.

Você, sua empresa e seus funcionários então preparados para essas transmutações radicais? *Nada é permanente, exceto a mudança*, disse Heráclito em 535 a.C – 475 a.C.

Recrutar é para o Exército; Atrair é para as Organizações

O modelo e o processo de recrutamento e seleção transfiguraram-se neste século. O anúncio no jornal foi substituído pelos aplicativos de redes. O currículo formal cedeu lugar para currículos criativos e vídeos-apresentações. A entrevista inicial, no formato presencial, foi substituída por entrevistas virtuais. O uso da holografia será o próximo passo. Os atrativos de benefícios como plano de saúde, vale alimentação e seguro de vida ficaram como básicos e inegociáveis na negociação de admissão.

Recrear e relaxar são as ofertas das organizações para atrair e manter a geração hiperconectada, inquieta e exigente, que valoriza os atrativos e mimos, como videogames, sinuca, dardos de espuma, cesta de basquete, balanços, escorregador, salão de beleza, manicure, barbearia, design de sobrancelhas, acupuntura, massagem, pufes, uso de chinelo e bermuda, chocolate, suco, lanches, refrigerante e até cerveja à vontade. Algumas empresas como a GetNinjas, Walmart.com, Apontador, Maplink, Zap Imóveis, Google, Philips e 3M apostam nesse modelo como vantagem competitiva.

Por que as empresas estão adotando atrativos como esses? Elas querem demonstrar que têm interesse e respeitam a individualidade dos seus funcionários, que buscam elevar o sentimento de liberdade no trabalho, que incentivam a criatividade e o intraempreendedorismo em um ambiente divertido e descolado, objetivando a atração e a retenção de talentos.

O modelo tradicional fracassou diante da nova geração. As pessoas querem reencontrar a diversão e a alegria nas oito horas de trabalho, e não mais a rigidez de somente levantar-se da mesa e do computador na hora de almoçar. Pessoas felizes, maior produtividade como premissa. A tendência mundial é as empresas atenderem aos desejos dos talentos como estratégia de atração e manutenção desses profissionais. No Brasil, o caminho será mais lento e engessado para essas propostas, aguardando o desfecho da reforma trabalhista.

A geração chamada de *millennials* espera ser feliz em todas as áreas da sua vida, inclusive na profissional. Será exigido dos gestores e profissionais de gestão de pessoas um exercício de ruptura e abertura jamais visto na história. Preparem-se!

Uma Estrutura Horizontalizada e Totalmente Terceirizada

A eliminação das lideranças centralizadoras é tendência e condição perene da boa gestão. A resolutividade das estruturas organizacionais está no trabalho em rede e no trabalho por projeto, com gestão horizontalizada e sem hierarquias rígidas preestabelecidas. Esse movimento auxiliará a emergir, natural e situacionalmente, os verdadeiros líderes, validados pela própria rede de trabalho dentro da organização. Os desenhos de estruturas serão trocados: as formas quadradas, por formas circulares, facilitando as conexões de todas as partes interessadas, atribuindo-lhes autonomia, velocidade na execução das atividades, construindo o círculo virtuoso de todo sistema empresarial. As empresas mais inteligentes colocarão no centro desse desenho o “cliente” como aquele em quem o esforço da organização deve ser concentrado.

A busca por aumento de produtividade e a redução de estrutura, custos, desperdícios e retrabalhos é um caminho sem volta. Nesse ponto, o RH tem papel fundamental de inteligência e inovação na construção de um desenho de estrutura benfeita e eficaz, com maior aproveitamento dos seus talentos, das entregas e dos resultados. Quadros mais leves e enxutos proporcionarão eficiência nos processos, na inovação e na comunicação, e essa pode ser a diferença entre o êxito e o fracasso.

A flexibilização na reforma trabalhista, favorável à terceirização, e a nova geração, voltada ao empreendedorismo, desencadearão uma ruptura na estrutura da área de gestão de pessoas e de muitas outras mais. A prática de terceirizar alguns serviços em RH já é uma realidade. Propomos pensar na possibilidade de construir uma estrutura de RH totalmente terceirizada, para as pequenas empresas, e parcialmente às de grande porte. São comuns os prestadores de serviços qualificados nas atividades de recrutamento e seleção, treinamento e desenvolvimento, segurança e medicina do trabalho, administração de benefícios, elaboração da folha de pagamento, pesquisa de clima, avaliação de desempenho e de cargos e salários, empresas que se dedicam integralmente a essas expertises, com tecnologia, sistema próprio e muita experiência prática de atuação com menor custo.

A estrutura, desse modo, ficaria enxuta e flexível. Vejam o desenho da nossa proposta:

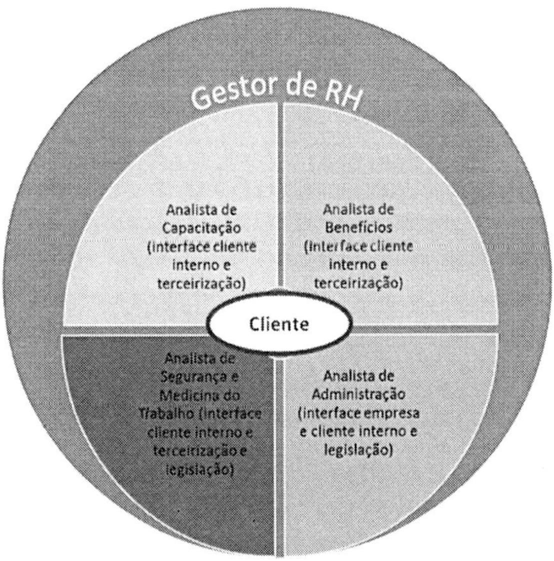

A terceirização integral, na pequena e na média organização, dar-se-ia pela contratação de consultoria especializada, exercendo os papéis de mentor, estrategista, estruturador, executor e acompanhador dos produtos, sistemas e serviços de gestão de pessoas no negócio, com aprovação do projeto pelo proprietário e autonomia de gestão. Nas empresas de grande porte, a equipe seria estruturada pelo gestor de pessoas interno, participante da construção e da tomada de decisões das estratégias da organização, em conjunto com os demais gestores internos, e responsável pela seleção, negociação, contratação e gerenciamento dos terceirizados, com expertise em padronização, métricas e indicadores de resultados. A equipe seria complementada com quatro tipos de analistas: 1 – Analista de Administração de Pessoal; 2 – Analista de Benefícios; 3 – Analista de Segurança e Medicina do Trabalho e 4 – Analista de Capacitação.

As responsabilidades básicas dos quatro analistas, em suas respectivas expertises, seriam as seguintes:

- Criar, implementar e acompanhar os canais de comunicação de mão tripla entre os clientes internos, a organização e a terceirizada.
- Buscar, receber e transferir as informações dos seus clientes internos à terceirizada; acompanhar a execução cartorial / normativa / legal dos serviços da terceirizada e sistematizar o processo e a entrega da terceirizada aos clientes internos e à organização.
- Auditar o cumprimento contratual, normativo e legal da prestação de serviços da terceirizada.
- Mensurar e avaliar, mensal e anualmente, a performance, a qualidade e o cumprimento dos prazos de entrega para renovação do contrato.

A equipe da área de gestão de pessoas, nas empresas de grande porte, teria, como tendência, o desafio de atender aos clientes internos e aos clientes em *home office*, com a responsabilidade de ser a guardiã do clima organizacional, da comunicação com os funcionários e da boa relação entre capital e trabalho.

Você Gostaria de ser Tratado de Forma Individualizada?

Às vezes, o novo pode não ser tão bom como o que se fazia antigamente! Antes da Revolução Industrial, dos produtos produzidos em série e da mídia de massa, os comerciantes e os artesãos faziam seus negócios de forma individualizada, com excelentes resultados. Nesse período, os miniempresários buscavam administrar seu comércio com o objetivo de satisfazer às necessidades de um cliente de cada vez, não havendo, nessa época, a preocupação estratégica de ampliar seu negócio por meio da conquista de uma maior fatia de mercado. O comércio era baseado no relacionamento com os clientes; o proprietário de um armarinho, de um banco, de uma barbearia ou de uma cocheira pública conhecia pessoalmente todos os seus clientes, um a um. Um exemplo dessa época é o comércio de verduras. O verdureiro sabia que tipo de produto a Dona Maria precisava todas as semanas, normalmente diferentes daqueles de sua vizinha, que tinha outros costumes alimentares. Se a Dona Maria deixasse de pedir o produto que costumeiramente comprava, o verdureiro notaria e teria condições de averiguar o motivo. Teria o médico de sua freguesa lhe receitado uma nova dieta? Será que a Dona Maria estaria comprando em outro lugar? Por haver um estilo de relacionamento recíproco, conhecia e se lembrava de cada um dos clientes, o que lhe permitia resolver os problemas de forma individualizada: vender mais produtos para cada um deles e modificar o seu próprio serviço, ou ofertas de produto, para atender às necessidades constantemente evolutivas e diferenciadas de cada um deles.

Embora os termos ainda não houvessem sido inventados, o verdureiro que antecedeu o século XX era um homem de marketing de relacionamento, que se preocupava e zelava por seus clientes enquanto indivíduos. Ele mantinha em atividade um programa de satisfação do cliente, cuja retenção era um compromisso do seu próprio sistema. Ele contava com uma espécie de marketing com banco de dados, tratando cada cliente de forma diferenciada, confiando no que sabia a respeito de cada um. Ele mantinha o seu banco de dados na memória e, com esse estilo de trabalho, o nosso amigo verdureiro utilizava simplesmente a estratégia de fatia de clientes, introduzida como estratégia de ponta nos dias atuais. Você, leitor, faça uma pequena reflexão desse modelo sendo aplicado em sua gestão de pessoas. O que achou? Complicado ou possível? Será que os funcionários gostariam dele? Seu presidente aceitaria a proposta? Será que você se tornaria, definitivamente, um profissional habilitado em relacionamentos? Isso lhe agradaria? Deixaria você orgulhoso de ser um profissional da área de Recursos Humanos da empresa em que trabalha? Espero que sim.

O relacionamento consiste em gerar um elo com o consumidor por meio da sua interação com a empresa, recebendo suas especificações de necessidades e oferecendo exatamente o que cada cliente deseja. Após certo período de tempo, a oferta da empresa estará tão adaptada às necessidades desse cliente que dificilmente ele irá buscar outro fornecedor e/ou a concorrência. Essa mesma amplitude poderá ocorrer com os talentos internos de sua organização, que, com isso, ganharia maior capacidade competitiva no mercado de atuação e uma significativa redução de custos e desperdícios na rotatividade em seu quadro efetivo. Com o surgimento da Revolução Industrial, os fabricantes iniciaram estudos para produzir grandes quantidades de produtos, visando a uma maior produtividade;

o desenvolvimento desses produtos obedecia a formatos padronizados, sendo utilizada a mídia de massa como recurso e instrumento para fazer com que os consumidores entrassem na loja e solicitassem seus produtos específicos.

Nesse instante é que nasce a necessidade de criação das marcas e da propaganda, esta última largamente utilizada nos dias atuais, com alta tecnologia e criatividade, porém pouco utilizada internamente nas empresas e principalmente pela área de gestão de pessoas. A proposta simplista do marketing um a um está no desejo de retornarmos às origens, na forma e no tratamento individualizado dedicado pelos pequenos proprietários às necessidades dos seus clientes, método este utilizado antes da Revolução Industrial, sendo necessário, para o seu sucesso, recorrermos amplamente aos atuais recursos tecnológicos, transformando a memória infalível do antigo miniempresário em um banco de dados informatizado para atender aos desejos individualizados e diferenciados de todos os clientes, mesmo que tenhamos milhões deles e/ou milhares de funcionários.

É importante observar que, para a área de RH, a utilização do conceito de marketing um a um não seria um retorno às origens, uma vez que toda a história e caminhada das escolas de administração, até o momento atual, não contemplaram os funcionários como clientes a serem tratados de forma individualizada e diferenciada. A proposta é inovadora, e, como toda inovação na história, haverá diversas controvérsias.

Apesar de a área de RH, quase todo seu tempo, recrutar, selecionar, treinar, desligar pessoas, cuidar dos seus benefícios, não há gerenciamento individualizado, mantendo-se a mesma linha conceitual do marketing de massa, gerenciando apenas seus produtos e serviços e colhendo poucas e detalhadas informações sobre as expectativas e níveis de satisfação dos que trabalham na empresa. A nova gestão individualizada de RH deverá transformar o sistema de gerenciamento e tratamento de grupo/massa para uma gestão e gerenciamento de cliente interno individualizado. As empresas, os líderes, você – todo mundo deve se preocupar em cuidar muito bem dos seus talentos. Só assim é possível segurar aqueles que mais fariam falta na organização se partissem. Custa muito mais caro atrair um talento de fora do que manter um que já está na empresa. Devemos lembrar que o talento leva algum tempo para conhecer a filosofia, a cultura, o produto, o mercado, a equipe e o estilo de gestão aplicada na empresa, e isso pode facilmente traduzir-se em valores de prejuízo na sua saída.

O tratamento individualizado exigirá do profissional de gestão de pessoas o conhecimento das diferenças individuais, os seus desejos, satisfações e problemas, criando canais de comunicação no formato colaborativo, ou seja, desenvolvendo meios de aproximação para a troca de informações, respaldada em uma estrutura de confiança e lealdade entre o colaborador e o RH / empresa. Não existe fórmula milagrosa, nem mágica que mantenha o cliente ou o profissional na empresa, grudado, sem poder escapar. Mas há algumas práticas que a empresa, estrategicamente, pode e deve adotar para segurar as estrelas da equipe. O fato de os talentos sentirem e acreditarem que a empresa procura cuidar da sua felicidade e do seu desenvolvimento será um bom início para um relacionamento duradouro, com ganhos múltiplos.

Os diretores do programa de desenvolvimento de carreira do MBA da Harvard Business School afirmam que "A melhor forma de manter as estrelas da sua equipe é conhecê-las melhor do que elas mesmas". O que deixa as pessoas felizes é permitir que trabalhem com atividades que tenham a ver com seus interesses mais profundos, com paixões intimamente ligadas à sua personalidade. Esse seria um recurso fundamental para manter seus talentos comprometidos com o trabalho e, consequentemente, gerando bons resultados para a empresa.

Muitas vezes encontramos pessoas que ainda não descobriram o que realmente as motiva e em que elas realmente são interessadas; é nesse momento que entra o papel de detetive dos profissionais de recursos humanos, que deverão estar atentos a todo e qualquer sinal que possa lhes dar uma indicação de como deixar o colaborador feliz com seu trabalho, seus costumes e, principalmente, suas reações, com o objetivo de montar um completo dossiê de informações e acompanhamento. Para isso, basta o profissional de RH *reaprender a se interessar pelos outros, conversar, perguntar e ouvir seus funcionários.*

Criar uma relação de confiança é fundamental. É aí que entra o lado psicológico do profissional de RH, criando uma relação de colaboração e de proximidade. Como exemplo para exercer um bom papel de detetive e psicólogo, descreveremos um caso interessante para a nossa reflexão: um paciente, que era corretor da Bolsa de Valores, dizia que queria ganhar muito dinheiro, ser um milionário. Quando seu terapeuta lhe perguntou como ele se imaginava dali a dez anos, o paciente falou que queria se casar, ter um carro do último ano do modelo x, um celular do modelo y e viajar de férias uma vez ao ano. Nada que exigisse ter tanto dinheiro assim! Conclusão: a sua real motivação não era faturar milhões para atender aos seus desejos, e o paciente nem se tinha dado conta disso.

Os psicólogos de Harvard colocam que é preciso criar oportunidades para que os funcionários possam expressar seus interesses. É preciso descobrir o que os apaixona e permitir que eles trabalhem com isso. O eficaz gerenciamento de pessoas trará a oportunidade de transformar desejos e problemas dos funcionários em resultados sustentáveis para a organização, recompensando duplamente a empresa e o trabalhador, bem como avaliando os profissionais que não lhe estão agregando valor, com o propósito de recuperá-los e/ou desligá-los. Pode parecer uma loucura o RH criar um sistema de acompanhamento e atendimento individualizado dos seus funcionários, mas, acredite, esse pode ser um caminho inovador, colocando o gestor e a área de gestão de pessoas no papel de protagonistas da organização. Pense sobre isso!

História das Formigas Recursos e as Formigas Talentos – 5ª Parte

– Como vinha "bem acompanhado"? – perguntei à formiga que falava comigo em cima da tecla ESC do meu computador.

Eu estaria maluco? Um velho louco? Poderia até ter caído naqueles esquemas de "Compre o meu curso online: "O infalível segredo de como curar dor no joelho", a partir de quatro parcelas de R$ 199. Se você não se curar em trinta dias, receberá todo o dinheiro de volta, sem quaisquer questionamentos. Compra já!", mas não era o caso. Uma formiguinha falava comigo. Imaginação ou não, não questionei tal possibilidade.

Como não é todo o dia que se fala com uma formiga, continuei.

– Como você veio parar aqui, falando comigo?

– Lembra que eu quis anunciar a minha presença e a de Raissa para o formigueiro gigante que ficava no Horizonte? Lembra que contei que Raissa disse: "Não falam a nossa língua. Ao menos é o que a gente sabe"? Só que ela sabia...

Sauvita tocava uma anteninha na outra. Era uma formiga pequena, claro, mas a voz era bastante alta, como se saísse do alto-falante esquerdo do computador. E, nessa voz, movendo as antenas enquanto falava, explicou-me que, no mundo das formigas, quando muda a alimentação, a formiga ganha talentos especiais: umas viram guardiãs; outras, soldados; outras viram construtores, e outras ainda falam e entendem línguas que não a de formigas.

– Bem – retruquei eu – o que você leu estava na língua das formigas? Comigo você está falando português.

Neste momento, descobri que formiga ri, ou parece rir-se, pois foi numa vozinha de gargalhada que disse:

– Raissa enganou-me. Os cartazes já estavam em língua de formiga e língua de gente. Ela havia me alimentado desde larva, para que eu falasse uma língua dos humanos e pudesse, um dia, vir a contar a história da nossa revolução. Na verdade, a placa longa, escrita em uma língua que eu não entendia, era em língua de formiga. Logo abaixo, em caracteres menores, aí sim, pude ler, e era no que você chama de português.

– Por que veio, então, falar justo comigo? – quis saber – pois há bilhões de outros humanos e trilhões de outras formigas.

– Porque Raissa ouvira de outras formigas que dois dos seus amigos estão escrevendo um livro sobre recursos e talentos humanos. Formiga, humano... dá tudo na mesma coisa: sangue, coraçãozinho, boquinha, olhinhos...

Sauvita continuou explicando, e à minha mente veio o que ela me falara das formigas, a história que me contara.

– Nós, formigas – dizia –, somos mais livres, porque somos mais perfeitas; somos mais perfeitas, porque somos mais livres.

Isso também se aplicaria a nós, humanos. Pensei se eu poderia acrescentar "Nós, humanos, somos mais livres, porque somos mais perfeitos; somos mais perfeitos, porque somos mais livres". Ou se a outra placa, onde ela dizia ter lido "De cada um, de acordo com as suas habilidades; a cada um, de acordo com as suas necessidades", não valeria para mim. Mas, a mais importante, a que, sem dúvida, vem ao encontro de como encaramos o trabalho, era "O formigueiro para quem no formigueiro trabalha". Não seria ela exatamente "A fábrica para quem na fábrica trabalha"? Por que aceitamos ceder o nosso esforço e dele colher tão pouco? Por que a fábrica tem de ser do outro, do monarca, e não nossa?

A mensagem...

Sauvita me disse que Raissa queria que todas as espécies soubessem que o trabalho pelo bem da coletividade não retira de ninguém o poder de apropriar-se do que lhe cabe quanto aos produtos gerados, tira apenas o poder de uma monarca escravizar o trabalho de outros por meio dessa apropriação. O monopólio da mãe-monarca desaparece, e ele é repassado para todas as formigas trabalhadoras.

– Nos novos formigueiros, após a revolução – dizia ela, pondo-se em duas patas traseiras –, as folhas, para alimentarem os fungos, eram repartidas entre todos os trabalhadores, já que "A formiga que tudo produz é a formiga a que tudo pertence".

Tudo havia mudado nos formigueiros. Semanas após a revolução, as formigas que ocupavam as posições mais humildes começaram a ocupar mais e mais postos de trabalho, no cuidado dos fungos e das creches de larvas, e se encarregavam das tarefas antes consideradas apenas das formigas-soldados ou restauradoras dos formigueiros. Sem a opressão das monarcas, as novas condições materiais, somadas à facilidade para se conhecerem melhor e se acasalarem, resultaram em um mundo de formigas sem a dominação centrada apenas em uma autoritária formiga.

– E o tamanduá – perguntei outra vez – estava bem acompanhado de quem?

– De outros tamanduás e de outros bichos que se alimentam de formigas. Vinham gritando que a revolução não daria certo, que um dia desses essas formigas, fêmeas e machos, iriam formar casais que só teriam as larvas que pudessem cuidar. Ou, pior, que não formariam mais pares, mas se acasalariam em grupos. Ardi-Li esperneava e soprava que sabia que permitir o surgimento de novos arranjos reprodutivos baseados no amor livre, e não na dependência de uma monarca, só traria desgraça.

– E trouxe?

Sauvita caminhou da tecla ESC para a tecla F1, depois para a F2. Já estava na F7 quando repeti a pergunta:

– E trouxe?

Ela atravessou para a F8 e virou-se para a tela. Pressenti que não iria responder.

– O que você realmente está fazendo aqui? – perguntei.

– Estou aqui para contar uma história! – respondeu ela.

Quando me dei conta, já estava na tecla F12, e, de repente, pareceu saltar para DELETE e já não estava em mais nenhuma. Se pulou para fora da minha escrivaninha, ou se escondeu dentro do teclado, eu a teria pisoteado, amassando-a. Quem sabe isso aconteceu quando cliquei ENVIAR este relato? Pobrezinha!

Referências Bibliográficas

BITENCOURT, Claudia et al. **Gestão Contemporânea de Pessoas**: novas práticas, conceitos tradicionais, São Paulo: Artmed Editora, 2010.

BOHLANDER, George e SNELL, Scott. **Administração de Recursos Humanos**. São Paulo: Editora Cengage Learning, 2010.

CHARAN, Ram e NOEL, James. **Pipeline de Liderança**. Rio de Janeiro: Editora Campos, 2016.

CHIAVENATO, Idalberto. **Gestão de Pessoas**. São Paulo: Editora Manole, 2014.

COSTA, Daniel. **Endomarketing Inteligente**: a empresa pensada de dentro para fora. Porto Alegre, RS: Editora Dublinense, 2010.

DUTRA, Joel Souza. **Gestão de Pessoas**: modelo processos, tendências e perspectivas. São Paulo: Editora Atlas, 2016.

FRANÇA, Ana Cristina Limongi. **Práticas de Recursos Humanos** – PRH. São Paulo: Editora Atlas, 2013.

GIL, Antonio Carlos. **Gestão de Pessoas**: enfoque nos papéis profissionais. São Paulo: Editora Atlas, 2010.

HITT, Michael A., IRELAND, R. Duane, HOSKISSON, Robert E. **Administração Estratégica.** São Paulo: Editora Pioneira Thomson Learning, 2007.

IVANCEVICH, John M. **Gestão de Recursos Humanos**. São Paulo: Editora McGraw-Hill, 2008.

MILLER, David. **Gestão de Mudança Com Sucesso**. São Paulo: Integrare Editora, 2012.

PINTO, Almir Pazzianotto. **100 Anos de Sindicalismo**. São Paulo: Editora Lex, 2007.

James McSill tem dezenas de livros publicados, entre obras solo, em parceria ou em projetos. Infantis: Coleção Daniela, 5 livros solo e Projeto Genoma, 1 solo mais 14 orientados; para autores: Coleção *Book-in-a-Box*, 8 livros com coautores, Storytelling, 2 solo, o best-seller *5 Lições de Storytelling* e o *Arte da Guerra no Storytelling* e editou mais 15 na Série Arte da Guerra, 1 em coautoria. Sobre outros temas, 1 livro sobre cinema em coautoria, mais 1 romance, o best-seller *Interlúdio*. No momento, desenvolve um projeto sobre telenovelas com a diretoria de novelas da TV Globo, bem como mais 2 livros solo, continuação da série *5 Lições de Storytelling*.

Vamos conversar!

Se você, ao terminar de ler este livro, estiver reflexivo (a) e ainda se perguntado: "O que vou fazer agora?", conseguimos atingir nosso propósito e estamos felizes com essa conquista. Estaremos à sua disposição para conversar e trocar figurinhas de conhecimento. Dedique alguns minutos enviando-nos suas opiniões, sugestões e feedbacks da leitura para aprimorarmos a segunda edição.

Jefferson Leonardo

www.jeffersonleonardo.com.br

jefferson@jleonardo.com.br

WhatsApp (+5554) 9.9978-3816

Marcio Moreno

www.moreno&berton.com.br

fmoreno@teknobank.com.br

WhatsApp (+5511) 9.8319-9116

James McSill

www.macsill.com

james@mcsill.com

WhatsApp (+351) 931-372-40055

QUALITYMARK EDITORA

Entre em sintonia com o Mundo

Qualitymark Editora Ltda.

Rua José Augusto Rodrigues, 64 – sl. 101
Polo Cine e Vídeo – Jacarepaguá
22275-047 – Rio de Janeiro – RJ
Tels.: (21) 3597-9055 / 3597-9056
Vendas: (21) 3296-7649

E-mail: quality@qualitymark.com.br

www.qualitymark.com.br

Dados Técnicos:

• Formato:	14 x 21 cm
• Mancha:	11 x 18 cm
• Fonte:	BookmanOldStyle
• Corpo:	11
• Entrelinha:	13
• Total de Páginas:	112
• 1ª Edição:	2017